U0593932

图书在版编目（CIP）数据

数学思维世界. 符号思维 / 傲德主编. -- 北京：天天出版社，2025.4（2025.5重印） -- ISBN 978-7-5016-2540-6

Ⅰ. G624.503

中国国家版本馆CIP数据核字第2025PT9764号

责任编辑： 王　微　郭剑楠　　　　**责任印制：** 康远超　张　璞

出版发行： 天天出版社有限责任公司
地　址： 北京市东城区东中街42号　　　　　　**邮　编：** 100027
市场部： 010-64169002

印　刷： 河北星强印刷有限公司　　　　**经　销：** 全国新华书店等
开　本： 710×1000　　1/16　　　　　　　　　**印　张：** 20
版　次： 2025年4月北京第1版　　**印　次：** 2025年5月第3次印刷
字　数： 200千字

书　号： 978-7-5016-2540-6　　　　　　**定价：** 158.00元(全5册)

版权所有·侵权必究
如有印装质量问题，请与本社市场部联系调换。

符号思维

傲德 主编

人民文学出版社 天天出版社

目录

📖 第一章
消灭符号 02

⛽ 思维加油站
假如思维有形状 13

📖 第二章
生存游戏 16

⛽ 思维加油站
符号世界中的"抽象派" 28

📖 **第三章**
被抛弃的规则　　　　31

⛽ 思维加油站
五花八门的计数法　　42

📖 **第四章**
邓冬冬的秘密计划　　45

⛽ 思维加油站
神奇的阿拉伯数字　　56

科学馆

人物介绍

傲德

思维学院的一名思维引导员，最爱吃鸡腿。滑稽搞笑，不拘小节。没有意外的时候他便会成为那个"意外"，让团队陷入麻烦。其实，他希望这样可以培养孩子独立思考的能力。

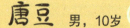

唐豆 男，10岁

傲德的学生，
团队里的智多星。
沉稳聪明，
凭借灵活的头脑，
帮助大家梳理思绪，
并找到解决问题的办法。

邓冬冬 男，10岁

傲德的学生，
贪吃的小胖墩儿，憨头憨脑，
团队里最会活跃气氛的学生。
单纯正直，表面看起来
胆大鲁莽，实则有些胆小懦弱。
什么事都爱瞎张罗，但缺乏智慧。
也因为他做事毛手毛脚，常会搞出乱子。

倪好 男，7岁

倪娜的弟弟，
团队公认的"吉祥物"。
总有很多奇思妙想，
关键时刻总是能为事情
带来转机。他有一个毛茸茸的
小狐狸玩偶，无论走到哪里，
他都要把它带在身边。

倪娜 女，10岁

傲德的学生，
是傲德的好帮手。
有很强的秩序感，
勇敢善良，责任心强，
乐于助人。

大鼻子

思维学院科学馆馆长，是一位科学怪人。痴迷科学，在自己的实验室里一待就是几天几夜。他有许多有趣的发明创造，"时空飞车"和"思维世界模拟器"都是他的得意之作。

我们到了，快下车吧。

闪闪

哇，还能换装！

当然，这可是大鼻子亲自改装的高科技飞车！

哇哈哈哈哈……

哇！

咦？那些人？

轰隆

哎哟！干吗？

要被挤进去了！

完蛋了！被原始人包围了！

我们怎么出去啊？

会不会发现我们是冒充的？

该不会被吃掉吧？

哇啦哇啦！

他们好像是在召开紧急会议，

哇啦哇啦

他好像在说自己看到了一个怪物，

这怪物的眼睛应该会发光，

啊啊啊啊！！！

啪

有没有什么办法，可以更容易理解他要表达什么意思啊？

哇哇啦啦

抢

哗

窃窃私语

他画的好像是
我们的时空飞车。

是啊，他是在用
壁画符号展示我
们的飞车！

他们肯定以为飞车是怪物，
在想办法对付它！

借来用用！

啪

嗷！！！

欢呼

傲德在搞什么鬼？
他竟然要帮着原始人
毁掉时空飞车！

哇啦！
哇啦哇啦！

1

呜！哇！

2 3 4 5

哇啦！！！

哇啦！哇啦！

我们不会
真的要去毁掉
时空飞车吧？

嗷！！！

哇啦！
哇啦！

一会儿听我指挥！

09

啊———

你按的是"极速模式"，要先弄清楚符号的含义啊！！！

原始人会不会被我们吓到啊？

唰

哗
哗

哇！

啦！

你会过马路吗？

　　说说我是如何过马路的吧！首先，我得先看信号灯，确认是绿灯后，穿过人行道，走到马路的对面。在这短短的1分钟里，我就已经与符号进行了两次互动。

　　"信号灯""斑马线"都是符号。**符号无处不在！**

下面这些符号你们认识吗？

什么是符号？

　　符号是用来代表其他事物的标记或声音。

　　符号与它代表的对象之间的关系是被大家知道并认同的。

傲德用甜甜圈拼出了"奥运五环"。

注：奥林匹克五环标志自1913年起被采用，成为全球体育团结的象征。

标志也是一种符号。

教室的走廊，邓冬冬在自己的储物柜上面画了一个鸡腿。

嗯？这是什么意思？

这是我自创的神秘符号！

？

啊！

原来这个符号是零食柜的意思啊！

符号是从什么时候开始出现的?

　　洞穴壁画是人类历史上最早的符号语言，它是人类思维的产物，表达了当时人类的思想与情感。

　　在法国拉斯科洞穴中，四名儿童无意间发现了长约5米的史前巨画。壁画距今已有15000年左右，展现了旧石器时代晚期人类的生活方式。

　　符号不断地演变，逐渐发展出象形文字、楔形文字、希腊字母、艺术性的象征符号、数学符号、化学符号、工程符号、交通符号等符号。这些符号作为统一的语言，被运用在生活的方方面面。

艺术作品《呐喊》中的象征符号。
1.扭曲的面孔：表达了焦虑和绝望的情绪。
2.桥和河流：可能象征连接与隔离。

符号在数学中的应用——符号思维

　　符号思维是指将信息转化成符号，并用符号解决问题的思维，转化为符号有助于进行数学表达和数学运算。

培养符号思维

我们思考的过程，是内在的符号操作过程。

当你想到你的好朋友时，你的脑海中会出现他的形象，想起与他有关的难忘记忆，这些都是这位朋友在你的脑海中形成的记忆符号。而当你把他的形象凭借记忆画出来并介绍给大家，就是符号的传递过程。

邓冬冬在黑板上画出唐豆，甲乙丙丁四位同学忍不住哈哈大笑。

拥有符号思维，不论是在日常生活还是数学学习中，都是十分重要的！

了解每个事物转变成符号的过程，理解符号在数学表示中的作用是理解、吃透知识的关键。

数学世界的阿拉伯数字以及"＋－×÷"等都属于符号。虽然树上长不出数字"3"，河里也没有会游泳的数字"1"，但是它们却可以表示3个苹果和1条鱼。在接下来的故事中，我们将会认识更多的数学符号！

这么说，生活中的很多事物和现象都可以用数学符号来表示？

啊！这个天大的秘密竟然被你发现了！

受欢迎的"新符号"

符号的发展非常迅速且多样化，新的符号形式不断涌现。

在网络聊天中，表情符号能够帮助我们传达自己当下的情绪；简洁醒目的品牌符号能够让我们快速识别出是哪个品牌的商品；社交平台符号使我们能快速进行点赞、分享等行为。

这么有趣的内容记得"点赞"和"分享"哦！

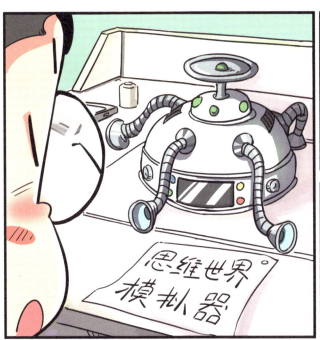

滔滔不绝

喋喋不休

傲德，这是你的新造型吗？

这是"思维世界模拟器"！

18

原来壁画想要传达的是"有怪兽出没啊"！

嗷！

快跑！

什么声音？

是我，我用思维世界模拟器可以直接跟你们对话！

快点儿想个办法对付怪物啊！

对了，我想到一个打怪物的道具！

打开宝箱！

怪物接招吧!

这道具是个什么玩意儿?

多功能棍子

啪

鸡腿!

呼……幸好箱子里还有个鸡腿……

这哪里是玩家的思维世界模拟器啊，这简直是对我的思维考验！

是对我俩的生存考验吧！赶紧想办法救救我们吧！！

前面有个洞口，可是没有路啊！

只有一根索道……

我们没有工具怎么过去？

有了！

哦吼

嗖一

我们可以
离开这里了！

比画

可是，
有可怕的怪物！

坚定不移

24

手舞 足蹈

不能说话⋯⋯

划

点头

我们可以离开这里了。

是的！

游戏胜利

哇，我们真是太厉害了！哈哈哈！！

我知道这个生存游戏的目的了！你们刚刚在里面经历了人类思维上的一大步，从壁画过渡到图像简化阶段，象形文字就是这样被创造出来的！

所以，这个游戏不能让你们用语言沟通，

大鼻子真是用心良苦啊！

嘿嘿……

语言模块终于做好了！

这样就可以在模拟器里说话了。

咦！我的思维世界模拟器哪儿去了？

让记录的方式简单点儿!

在史前时代,人类通过在洞穴壁上绘制图画来记录重要的活动和事件,如狩猎场景、仪式庆典等。渐渐地,人类发现了这种方式的弊端。

于是,人们开始使用更为简单的符号来代表具体的事物或者表达更为深层的含义。我们可以称这时的符号为"图画文字"。

 你发现了吗?技术的革新总是来源于人类的需求。

出现在距今5000多年的大汶口文化中的陶文,是迄今为止我国发现最早的图画文字。

三星堆出土的青铜大立人服饰图纹中的三星堆文字,寓意手眼通天、权势通天。

手的图案,意在"握拳,握权"。

眼的图案,意为"眼界,目标"。

象形文字

随着有些符号使用得越来越频繁，人们开始用一样的符号来表达同一种事物。当这些固定的符号被用作文字使用时，它们就演变成"象形文字"。最著名的象形文字系统分别是古埃及象形文字、苏美尔楔形文字以及中国的甲骨文。

思维档案馆

古埃及的象形文字中有很多符号，这些符号都是从自然物体中抽象出来的，你都看到了什么？

基本信息

名称：**古埃及圣书体**
特点：**最早发展成为成熟书写系统的象形文字之一。**
用途：**宗教文本、官方文件、墓葬铭文。**
出土文物：**罗塞塔石碑。**

圆或椭圆是一些在白天或晚上都会发光的天体。

这是某种动物的符号。

这是植物的符号。

这是水的符号。

这版《卜辞》记载了商王的一次狩猎活动。你知道发生了什么吗？

基本信息

名称：**中国的甲骨文**
起源：**商周时期，中国最早的文字形式之一。**
用途：**记录关于天气、农业、战争等信息。**
出土文物：**中国河南省安阳市殷墟遗址中的甲骨文文物。**

小臣由所驾的车发生了事故。

甲午，王追逐捕获兕。

这个车轴断裂了！

将"抽象派"还原

现在我们知道了，我们所看到的文字、数字及符号都是简化后的结果。在学习数学的过程中，将简化后的符号还原成具体事物，是一项十分重要的本领。

你是如何计算3×4的呢？

简单！乘法口诀！三四一十二。

那你知道为什么3×4=12吗？

每行有3个鸡腿，摆了4行，一共有12个鸡腿！

这么多鸡腿，用来讲数学题，真是暴殄天物啊！

倪娜说得没错！我们学习数学的时候，可以将抽象的数学符号还原成具体事物。利用这种方法，我们就能理解许多数学概念了。

比如，比较3和5的大小，可以看作是比较3个鸡腿和5个鸡腿哪个更多。

明白了！快别啰唆了，我现在可以吃这些鸡腿了吗？

第三章 被抛弃的规则

呜一哇！

哇！傲德，珍藏版卡片居然上新了！

是那个啊！

需要100学院积分来兑换。

什么？

这个没有折扣吗？

新品上市，哪有直接打折的？

那我用之前的卡片交换好不好？我觉得物物交换的方式十分合理！

31

同意！

我想用我不喜欢的糖果换一些其他口味的糖果。

邓冬冬，你从哪儿冒出来的！？

好呀，那你们可以先去体验物物交换，到时候我们再商议要不要加入物物交换的规则！

真的可以体验吗？

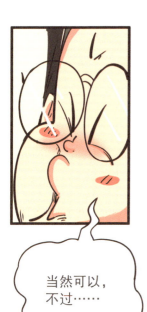

当然可以，不过……

你们要先从大鼻子那里借到思维世界模拟器才行。

大……不对，馆长在吗？

啊……怎么又是扮原始人？

没事，习惯了……

不过，这次我们可以说话了。

那边好热闹啊，有那么多人，不知道大鼻子在不在。

走，去看看。

我想用这么多的羊，换你这么多的牛。

你的羊在哪里？

在家。

那我们怎么交换？我又不知道你有多少只羊！

我可以先找到和你的牛一样多的石子带回家，再找出合适数量的羊带回来！

好办法！

千万别把牛换给别人！

好！

我们也跟去看看吧。

？！

40

游戏结束

啊……

哇！ 哇！

幸好没事！

还有点儿饱！

幸好？

随便连接我的思维世界模拟器，还蹭鱼吃！给我出去！

扑通

嘿嘿嘿，现在你们说说看，要不要以物换物呢？

算了，太麻烦！还是学院积分好用！

算了，我还是喜欢用数字解决问题！

嘻。

思维大事报

一起"虐待"动物事件

　　20世纪70年代，考古学家在非洲东南部的斯威士兰列朋波山的山洞里，发现了一根狒狒腿骨，上面刻着29道刻痕。

　　有专家认为，这根腿骨是人类最早的计数棒。因此，还给它起了个名字，叫"列朋波骨"。

在腿骨上刻痕？这样做是不是对动物太残忍了？

您误会了。不是在活的动物腿上刻痕，而是利用死去动物的腿骨。

在远古时期，原始人会使用锋利的石头在骨头上刻记号。每记一次数，就会在上面刻一道。

我知道了！就像在思维世界模拟器中，人们用石头计数一样！

计数法的萌芽

　　这种以物计数的方法沿用了很多年，其中包含用鹿角、动物骨头或是树枝制作的计数棒，利用石子、贝壳等进行计数，还有一种十分有名的计数方法，叫"结绳记事"。

　　"结绳记事"是指古代印加人在不同颜色的绳子上打结，用来区分不同的物品及数量的计数方法。

我这是记到多少了？啊啊啊……

计数法的符号化

随着人们需要计数的事情越来越多，数量也不断扩大，特别是当人们开始种植庄稼后，不论是用刻痕，还是结绳记事，都显得不太够用了，人们不得不因此而创造新的符号。

500头牛打500个结，手要废了。

古巴比伦数字

大约5000年前，苏美尔人及后来的古巴比伦人开始用楔形文字记录，他们也使用楔形符号用来计数。他们用竖着的楔形符号表示"1"，用横着的楔形符号表示"10"。

- 尖头在泥板上压出的形状一头尖、一头宽，像木楔一样，所以称作"楔形符号"。
- "60"的写法与1一样，只是数位会高一位。

古埃及数字

古埃及不仅使用象形文字记录语言，还用它记录数字。他们用一条竖线来代表"1"，当数字变得越来越大，图案也随之丰富起来。

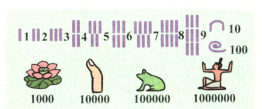

1. 表示10的图案是脚跟处的骨头。
2. 100用线圈表示。
3. 表示1000的是荷花。
4. 表示10000的是手指。
5. 用青蛙表示100000。
6. "胡"是象征百万的神。
   因为"胡"在古埃及文化中是长生之神。

你能用古埃及的象形文字写出3241827吗？

扫码听讲解啦

符号思维

中国的算筹

在古代中国，我们就已经有了一套完整的计数系统——算筹。

算筹的形象类似筷子，源于远古人们用长条形小棍计数的习惯。古人会将算筹放入袋子，系在腰间，方便随时取用。算筹的使用规则与算盘类似，算盘出现后，逐渐取代了算筹。

算筹使用规则如下：一到五，是几就用几根算筹表示；对于六到九，则将其中所含的"五"用一根算筹放在上面表示，余下几就用几根算筹与之垂直放在下面。

看！我用算筹摆出了傲德的体重。

你怎么不摆自己的体重啊

同时，算筹还引入了数位的概念，从右到左排列，依次是个、十、百、千、万……

4017的中间有一个"0"，这要怎么摆呢？

"零"就用"空位"来表示。同学们，你来试试看，摆出4017吧。

思维测试

下面的算筹分别代表多少？

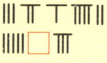

扫码听讲解啦

符号思维

第四章 邓冬冬的秘密计划

邓冬冬，明天轮到你给大家分享符号的故事了！

再次提醒你，明天你要分享关于阿拉伯数字的故事。

邓冬冬哥哥，准备好了吗？

抓

塞

放心，都是小事，敬请期待我的精彩故事吧！

胸有成竹

哈哈哈！

真是让人不放心！

吃光了！

很可疑！

45

要不然，我们分头找吧！

分开就分开，看谁先找到好故事！

• • • • • •

不过……好像，

没有任何进展……

到底长成什么样才像发明阿拉伯数字的人呢？

碰

哗啦

啊！不好！

捡起来！捡起来！

咦？

51

真的是阿拉伯数字啊！

！！

哪里来的偷书贼？

啊？我不是什么偷书贼，这上面的数字是你发明的吗？

你竟然想要白白窃取人类发展至今的智慧，来人啊！

我，我真不是什么偷书贼！

快来人，把这个人抓起来！

站住！！！

傲德！

好啊傲德，原来你不是为了帮我，只是想过来找人合影！

让我帮你引开大鼻子，还把我拍得这么狼狈！气死我了！！

这个人竟是你的偶像？

对啊！

他叫花拉子密，就是他将印度数字在阿拉伯世界传播开的，他是一位数学天才。

可是，我想找到发明阿拉伯数字的人。

认真听，你明天还要给大家分享呢！

小声点儿，千万别让他们知道是你给我讲的，搞得我好像不劳而获一样！

现在我们使用的阿拉伯数字并不是阿拉伯人发明的，它最早起源于古印度。

起

1 公元3世纪，古印度科学家巴格达发明了阿拉伯数字。最早的数字最大才能数到3。

3 数字在公元10世纪被传入欧洲。由于是从阿拉伯地区传入的，欧洲人便将其称作"阿拉伯数字"。

2 大约在公元771年，古印度数学家被带到了阿拉伯的巴格达，新的数学符号和体系随之来到阿拉伯。之后，阿拉伯人又对这些数字进行了改进。

4 公元13世纪，意大利数学家斐波那契在欧洲大力推广"阿拉伯数字"。

终 公元15世纪，这种数字系统已经在全世界普及开来。

　　大约在公元13世纪到14世纪，阿拉伯数字传入中国。那时我们正在使用"算筹"，因此，阿拉伯数字当时在中国没有得到及时的推广运用。
　　直到20世纪初，随着中国对外国数学成就的引进和吸收，阿拉伯数字在中国才开始慢慢被使用。

这么算下来，中国使用阿拉伯数字也有100多年了！

思维加油站 神奇的阿拉伯数字

阿拉伯数字与十进制

　　十进制是一种基于"十"的计数系统，因此，这种进位制可以简单概括成"满十进一"。由十个数字组成的阿拉伯数字系统，本身就是用来表示十进制数的一种方式。每个数字的值取决于它所在的位置。例如数字"1"，在个位上表示"1"，在十位上，就表示"10"。

　　十进制系统起源于人类对于计数的需要。因为每个人有十根手指，数起来十分方便，因此，成为人类首选的计数系统。

邓冬冬，你是不是在偷吃巧克力？

十进制与计算

　　我们现在所进行的加、减、乘、除的计算，自然也是基于十进制的计数方式。因此，列算式时，数位对齐，分别计算，才能够计算准确。

大家帮忙来看看，邓冬冬列的竖式是否正确？

扫码听讲解啦

符号思维

十 个

算式	十	个
24＋9	＋ 2	4
		9
37＋79	3	7
	＋ 7	9
72－13	7	2
	－1 3	
63－9	6	3
	－ 9	

57

思维加油站 神奇的阿拉伯数字

数字符号与生活

生活中，数字不仅可以表示物体的数量，作为符号，它同样可以表示物体的某种状态。利用符号的这种功能，我们可以解决一些数学问题。

思维测试 翻杯子

这里有3个杯子，杯口向上。如果每次同时翻动2个杯子，会不会出现所有杯子的杯口都朝下的情况？

1 假设杯口向上，用数字"1"表示，杯口向下，用数字"0"表示。

2 当3个杯子的杯口全部向上时，则得到1+1+1=3，结果是奇数。

3 当我们翻动其中2个杯子，使其杯口向下后，则得到0+0+1=1，结果为奇数。

6 如果我们想让3个杯子的杯口全部向下，则会得到0+0+0=0，结果为偶数。

5 当我们再翻动其中2个杯子，使其杯口方向改变，则得到1+0+0=1，结果还是奇数。

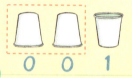

4 当我们再翻动其中2个杯子，使其杯口方向改变，则得到0+1+0=1，结果仍为奇数。

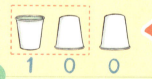

通过上述实验我们发现，同时翻动任意两个杯子且无论翻动几次，得到的结果均为奇数，而杯口全部向下时，得到的结果为偶数，所以同时翻动2个杯子，不会出现杯口全部向下的情况。

图书在版编目（CIP）数据

数学思维世界. 单位思维 / 傲德主编. -- 北京：天天
出版社, 2025. 4. -- ISBN 978-7-5016-2540-6

Ⅰ. G624.503

中国国家版本馆CIP数据核字第2025FZ0813号

数学思维世界

单位思维

傲德 主编

人民文学出版社　天天出版社

目录

📖 第一章
两份白日梦糖丸　　　　　　02

⛽ 思维加油站
1+1不等于2?　　　　　　12

📖 第二章
超级加倍酵母　　　　　　15

⛽ 思维加油站
倍数的发现　　　　　　26

📖 第三章
异形车库　　29

⛽ 思维加油站
用什么测量距离？　　42

📖 第四章
"充实"的海岛假期　　45

⛽ 思维加油站
1千克棉花和1千克铁块
哪个重？　　56

科学馆

第一章 两份白日梦糖丸

事情办得怎么样了？

不是已经给你一个了吗？

目前找到的只是一只普通蜘蛛。

一只普通"蜘蛛"，再加上一只"塔兰托狼蛛"，才能跟我换两份白日梦糖丸！

这个任务做起来也太难了吧！

我也没想到会这么严重，到处走动的塔兰托狼蛛会干扰到思维世界模拟器的运行。我写了好多代码，都没有办法找到它。

要不然，我也不会舍得用宝贵的白日梦糖丸跟你交换的。

太累了，今天先到这里吧。

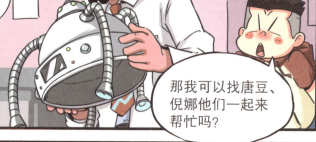

那我可以找唐豆、倪娜他们一起来帮忙吗？

可以，不过也只能给你两份糖丸！

两份白日梦糖丸，你不会被骗了吧？

嘘，小点儿声！

大鼻子把这个任务交给我，还不是因为我头脑灵活，办事可靠。

我怎么感觉是因为你比较好骗……

我是觉得其中一定有蹊跷！

是啊，我可不想去抓什么蜘蛛。

哎呀，你们想得太多了！

你们就陪我一块去吧！找到塔兰托狼蛛，我愿意把两份白日梦糖丸和大家分享。

倪娜，我可记得你早就想在白日梦中体验公主的生活了！

！！

好！

那我们快去快回！

你也太容易被公主梦冲昏头脑了吧！

咦？馆长不去吗？

用思维世界模拟器里的程序文件连接就可以了。

大鼻子去也没用，因为他自己找不到，所以才会找我们来帮忙。

据我所知，塔兰托狼蛛白天一般躲在石头下面睡觉，晚上才会出来觅食。

你说在哪儿睡觉？

啊

是塔兰托狼蛛！果然藏在石头下面！

别高兴了，快来救我！

蛛蜂大战狼蛛？

啊⋯⋯您家的后院还真大⋯⋯

加油吧，年轻人。

总算⋯⋯拔完了！

给，这是你们需要的塔兰托狼蛛。

太好了！

快把塔兰托狼蛛放回大鼻子的研究室吧，我们就可以回去拿白日梦糖丸了。

"那么大"的一个西瓜，"很长"的一条线，"飞快"地跑过去，蹦得"特别"高……这些都是我们在生活中形容"量"的方式，体现了我们对"量"的粗略估计。

倪娜和唐豆生气的时候，都蹦得特别高。可是，谁蹦得更高一些呢？

为了能够精确地了解事物并进行比较，人类发明了"计量单位"。

 计量单位的起源

从人类开始使用符号表示"数"的时候，就已经开始"计数"了，最简单的计数就是区分"单个"和"多个"。例如，落单的猛兽是原始人类捕捉的对象，见到成群的猛兽人类却要躲得越远越好。

我们今天的晚餐就是这只"落单"的狮子了！

啊啊啊！再不快跑就要成为"这群"狮子的晚餐了！

多个物体可以通过设置新的单位来描述数量。例如：

- 将3只狮子看作一组，那么9只狮子就是3组，15只狮子就是5组。
- 类似的单位还有"一排座位""一队马群"等。

利用公认的或特殊约定的单位进行计数的思维，称为单位思维。

"草率"的计量单位

早期计量单位是为了满足人类的生活需要而出现的，这些单位往往是人体部位、自然现象或常见的物品。

这条街长足足9478步。

"步"是古罗马的长度单位，一罗马步等于两个右脚(或左脚)脚印之间的距离。

这辆战车太窄了！战车的轮距要达到两马屁股那么宽。

先生的鼻子竟有一拃长。

你敢相信吗？"马屁股"曾经也是计量单位。如今，两马屁股也被确定为世界铁路轨距的标准，约为1435毫米。

在中国古代，大拇指和中指张开的长度则被称为"拃(zhǎ)"。

五花八门的计量单位越来越多，不同的地区采用不同的计量单位，不可避免地会导致交流、交易问题的产生。因此，在人类社会发展的过程中，实现了单位的统一，比如全世界公用的长度单位"米"、质量单位"克"等。

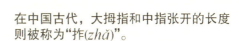

一份就是一颗！

统一计量单位太重要了。唉，再甜的糖丸也解不了心里的苦！

思维加油站

1+1不等于2？

计量单位的统一

在数学计算中，1+1的确等于2。

不过，在实际生活中，我们还要考虑单位统一的问题。比如，我们可以说一袋鸡腿，加上一袋鸡腿，是一大袋鸡腿。但"袋"和"大袋"，明显就不是同一个计量单位了。因此，在本质上，一袋鸡腿，加上一袋鸡腿，应该等于两袋鸡腿才对。此时，单位才是统一的。

一份糖丸加上一份糖丸，是两**份**糖丸。大鼻子给我两**个**糖丸，是在混淆单位！！！

不只是在生活中，计算数学题时也要格外留心。

现在就请你来完成下面的计算吧。

20分米+5米=＿＿＿＿米
1小时20分+30分=＿＿＿＿分
5角+1元=＿＿＿＿角

有时，遇到单位不统一的情况，要先想办法把单位统一，再进行计算。

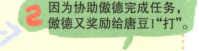

1 唐豆本身有3张3D探险卡

2 因为协助傲德完成任务，傲德又奖励给唐豆1"打"。

3 现在唐豆有多少张3D探险卡？

1打是多少张？

是12张！
所以，我现在有
3张+12张3D探险卡。

啊？这么说你现在有15张3D探险卡！同样是帮忙，大鼻子也太吝啬了，我这就去找他讨公道！

下次还是来帮我吧！

扫码听讲解啦

单位思维

第二章 超级加倍酵母

喂，大鼻子，一份白日梦糖丸怎么只能是一个呢？

咦？人呢？

大鼻子应该是没在，以后再来找他要糖丸吧！

不好，昨天回家越想越气，吃饭都不香了。

我还想要我的公主梦呢。

该不会是躲起来了吧？

咦

沼气实验室

哎！！臭死了！

果然是恶作剧！

会不会是方向搞反了？

可如果往别的方向走，东南西北每个方向都是3段，可太远了，我不想去了……

沼气实验室

口罩都挡不住臭味了……

哼！金牌矿工怎么能被这点儿困难打倒呢？

这才对啊！

既然来了，就看看大鼻子到底在干吗。

18

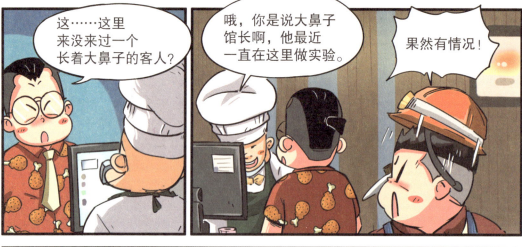

20

馆长正在做超级酵母试验，我也没想到小店如此荣幸。

据说，这种超级酵母研制成功后，可以帮助矮小的孩子长成正常人的身高，并能清除人体的有害细菌。

但考虑到酵母的安全性，现在还在面包试验阶段，所以只有大鼻子馆长一个人吃过这种面包来进行测试。

原来是这样。

你们看，柜子上面的面包就是试验成果。

那……

我发现这种酵母做出的面包会有一种迷人的香味，于是摆在这里，招揽生意。

老板，我们可以做这种面包吗？

嘻嘻

倒是可以，让你们见识一下超级酵母的威力。

一条河里有多少水?

有了计量单位后，人类便可以计算猪、牛、羊等牲畜的数量。可是，难题又随之而来。

水不能计数，但桶可以，把水装进桶里，就能计算水的数量了。

很快，这个问题就有了突破。把不可数的水转换成可以数的桶、杯、盆等事物，问题自然就解决了。比如，一桶水、一杯水等等。

与此同时，"基数"也就产生了。如果一桶水是"一个单位"，那么三桶水也就是"一个单位"的3倍。所以，倍数就是对"一个单位"的复制。

生活中的倍数关系

倍数的产生，让生活中的交流变得简单起来。
比如，懒人食谱中，所有调料用一个勺子就能搞定。

美味糖醋汁 = 生抽1勺 + 醋2勺 + 白糖2勺 + 番茄酱3勺

巧用倍数关系

在数学中，使用画线段的方法来解决涉及倍数关系的问题是一种直观且有效的方式。这种方式的关键是找到作为"1个单位"的事物。

小华买了一些苹果和梨，苹果的总质量是梨的2倍。
如果梨的总质量是4千克，那么水果的总质量是多少千克?

● 这里，我们把梨的质量看作是"1个单位"，用1段线段表示，
也就是1段线段代表4千克。

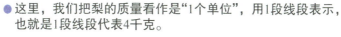

4千克

● 那么苹果的质量就可以用这样的2段线段表示，也就是8千克。

4千克 4千克

● 我们数一数，一共有3段线段，就是4 × 3=12 (千克)。
因此，水果的总质量是12千克。

  **倍数思维**可以帮助我们直观地感知数量关系。

思维加油站

倍数的发现

 生活中的倍数关系

倍数关系不止方便了交流，还能帮助我们解决一些生活中的"和倍问题"。

1

邓冬冬和唐豆一共有24张3D探险卡，唐豆的3D探险卡的数量是邓冬冬的2倍，请问，邓冬冬和唐豆各有几张3D探险卡？

邓冬冬的3D探险卡的数量较少，所以我们用1段线段表示：

唐豆的3D探险卡的数量是邓冬冬的2倍，所以我们用2段这样的线段表示：

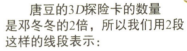

又知道他俩一共有24张3D探险卡，所以画图表示为：

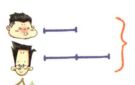

从图中可以看出，3段相同的线段表示24张3D探险卡，那么1段线段就表示有 24÷(2+1)=8 张，进而可以得出唐豆的3D探险卡数量为：8×2=16 张。

2

唐豆计划将一天的学习时间分为数学、英语和科学三部分，其中学习数学的时间是英语的2倍，学习科学的时间是英语的3倍。如果总学习时间是6小时，那么他每天学习数学的时间是多少小时？

 温馨提示：这道题中较小的量是学习英语的时间，接下来自己挑战一下哦！

扫码听讲解啦

单位思维

第三章 异形车库

反复踱步

傲德，
你在干什么?
心不在焉的!

咚

唉——

就在前几天，
我明明记得给
大鼻子修建了
一个时空飞车
的车库。

可是，我刚刚去实验室
旁边的空地上看，
却发现那里空空如也，
难道我是在做梦?

可是，大鼻子最近
看到我，总是一副
怨恨的表情。
说明还是有问题……

我现在都想不起来到底盖没盖过车库。

唔……

你是不是因为别的事惹他生气了？该不会是偷吃了大鼻子的白日梦糖丸吧？

破案了，破案了！你偷吃了大鼻子的白日梦糖丸，梦到自己给他建车库！

真的是这样吗？

嗯……应该不是……

盖车库的感觉很真实的啊。

太好办了！

啊刷—刷 刷 刷

啪

我们一起帮你给大鼻子建一个车库，不就好了吗？

哇，姐姐好棒！

可是，你知道车库的尺寸吗？

啊？

要建成什么样的尺寸，我现在一点儿思路都没有！

可以利用思维世界模拟器吗？没准儿可以在记忆存档中找到关于车库的蛛丝马迹……

倪好这个办法兴许可以！能找到车库的尺寸最好！

你还挺有想法啊！

傲德的记忆里没有盖车库的内容啊！难道他真的没做过……

搜索：车库

没有发现与搜索条件匹配项

请换个关键字重新搜索

那里有个叹号。

最近删除①文件

可是，为什么会被删除呢？

正在恢复文件…

是啊，有一段记忆被删除了。

记忆

打开
剪切

正在打开 ※

哇！终于建成了！大鼻子快来看！跟你说过一天就能给你盖一座车库，

轻轻松松让我完成了！你服不服气吧？

果然有盖车库的记忆啊！

很厉害……
不过，不能让你
这么得意忘形……

呵呵，
倒是不错，
不过……

不过什么呀？
挑剔！

为什么刷这个
颜色的涂料？

我可不觉得
这个颜色有多美。

可是，配上
我的车颜色
就是丑的啊！

这是我特意为你
调的颜色！

我觉得时空飞车
红色的大鼻头更丑！

这能体现出你
独特的审美！

不许说我的
宝贝车子！
每次你开走
都没好事！

我就说！我早就想说了，
你真的是以自我为中心！
不近人情！

一码归一码！
你总像个小孩子
一样斤斤计较！

搞定!

唰——

？！

咔

我回来了，已经量好了！

这么快就回来了！

哇！燃起来了！

好了，快开始吧！

长8步，

宽4步，

吱嘎

两个人高，

窗户3肘宽，3肘高。

石

门锁2只手长，

完成！

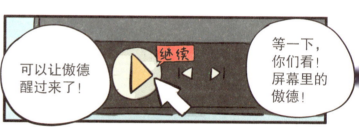
可以让傲德醒过来了！

等一下，你们看！屏幕里的傲德！

我也不想把它送给你了！

咚！

不给就不给！

不许你碰它……

转头

这个车库怎么也像被砸过一样啊？

这是新盖的！

歪歪扭扭

车库一面低，一面高；两个窗户一个大，一个小；车库长到能放下两辆时空飞车了……还歪歪扭扭的。

你们是怎么量的尺寸啊？

用身体量的。

倪娜步子小，可邓冬冬的步子又太大了。

倪好，刚刚量这一侧的时候，根本没有站直，也没有倪娜个子高。

邓冬冬的手肘和手掌都比倪好的长！

唉，我们忽略了测量工具的一致性！

怎么向大鼻子交代啊……

这车库是怎么搞的？

这造型也太酷了吧！这是傲德为我盖的车库吗？

什么？

看来事情有转机！

这歪歪扭扭的怎么就酷了？

太方正的本来就很普通，这种造型奇特的才配我的气质啊！我很喜欢！

看来你盖不出来，那就是孩子们做的喽！谢谢你们了！

不客气！！

唉，竟然让他们歪打正着……

思维加油站　用什么测量距离？

● 回忆一下！体检时，医生用什么工具为我们测量身高？
● 装修工人用什么工具测量房屋的长度？
● 地图的导航，是如何知道两个地点之间的距离的？

您的身高是183厘米，体重是……

不要再往下说了！

1 身高体重测量仪：
分为电子传感测量、超声波测量两种。

这间屋子长5米。

2 卷尺：
常用于测量建筑、装修，是家庭必备工具之一。

A市中心点与B市中心点相距34千米。

3 GPS定位系统：
可用于确定位置，精确度高，误差在10米以内。

0.5毫米的薯片吃起来声音清脆！

4 螺旋测微器：
是十分精密的测量长度的工具，用它测长度可以准确到0.01毫米。

你看，测量不同长度的物体时，要选用合适的工具！

你发现了吗？测量不同的物体时，除了数值不同，长度单位也不同。
在国际单位制中，千米、米、厘米和毫米是最常用的长度单位。
你知道它们是什么关系吗？

长度单位之间的倍数关系

现在，我们将国际单位制中的长度单位按照从小到大排列，分别是毫米、厘米、分米、米、千米……其中，毫米、厘米、分米、米相邻单位之间是10倍的关系，千米则是米的1000倍。

考考你，1米是1厘米的多少倍？

1厘米

10厘米 = 1分米

10分米=1米

1米由100个1厘米组成，因此，1米是1厘米的100倍。

了解单位的倍数关系十分重要！在解决数学问题时，要先利用倍数关系，将长度单位换算成统一的单位，再进行计算。

我的花园长10米，我想在花园里种一排花，每株花之间相隔 20 厘米，我最多可以种多少株花？

我知道！单位不统一要先换算成统一的单位！
10米是1000厘米，1000厘米是20厘米的50倍，可以种50株！

对了一半！
1个间隔的两端可以种2株花，2个间隔一共可以种3株花。
因此，50个间隔可以种50+1=51株花。

1

还有哪些常见的长度单位?

英寸与英尺(1英尺=12英寸，1英寸=2.54厘米)
英寸和英尺是英制单位，主要用于英语国家。
生活中，衣服的尺寸，如裤子的腰围、裙子的长度等，常用英寸来标注。

先生，您还是定制一条裤子吧!

2

英里与海里(1英里=1.60934千米，1海里=1.852千米)
两者都用来测量较长的距离，海里主要用于航海和航空领域。

一艘轮船每小时大约在海上行驶30至40海里。

3

光年(1光年=9460730472580800米)

读作九千四百六十兆七千三百零四亿七千二百五十八万零八百米。

光年是指光在真空中一年时间内传播的距离。
牛郎星和织女星相距约16光年。

啊——啾！

好冷啊。

质量关系

咯咯咯……

下课后

突然这么冷，不会是冬天要来了吧？

看来今年要提前进入冬天了。

还等什么假期啊？现在就出发！

帅……

今年假期，我们去个暖和的地方度假吧！

冷……先裹上点儿……

不过三秒……

45

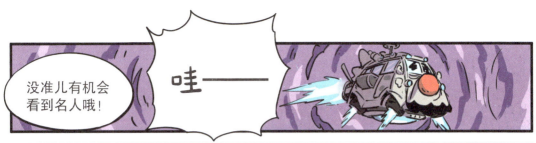

没准儿有机会看到名人哦！

哇——

1492年
巴哈马群岛

快看！这里的海水是蓝绿色的！

巴哈马群岛有全世界最原始的蓝绿色海域，这里还有美丽的自然奇观，比如地下洞穴、珊瑚礁、岩层和丰富的动植物。

我要好好享受这个假期了！

咦？

请问，你们背后背的是什么？

棉花。

棉花？就是做衣服用的棉花？

没错。你摸摸看。

软

好软啊，小狐狸里面填充的肯定也是棉花。

哇哈哈，好轻啊！

一看你们就是外地人。

我们这里的棉花绒长，还轻，做出衣服来特别的……

保暖！

我们可以摘一些棉花吗？

当然可以，我们这儿的棉花怎么摘都摘不完。

我们去摘棉花吧！

啊？

我们不是来度假的吗？

我要摘好多好多的棉花，装满时空飞车，带回去做棉衣，就不怕冷了。

我们要去钓大鱼，你去不去？

不去，我要摘棉花！

加油啊！

我们回来了!

邓冬冬，看我们钓的鱼。

我们又回来了。

哈哈，这次海岛之行收获真大！

可以把哥伦布送给我们的礼物分享给大鼻子！

啊？

你怎么摘了这么多？

别看多，但是棉花很轻。

你们带那么多东西，还有那么大的鱼，会超重的！回去的路上坠车怎么办？

不像棉花这么轻，带多少都没有关系……

咪嚓

咦？

怎么突然就下雨了？

海岛的天气是这样的。

哗

雨还有多久会停啊？

海岛的雨来得快，去得也快。

哇!

邓冬冬,太重的话就算了吧。

不行!

我好不容易摘这么多!

通常棉花可以吸收其自身质量的10倍左右的水。也就是说,50千克的棉花,可能会变成500多千克,比我们捕的金枪鱼都重,我看是不能带回去了!

为什么棉花都变成这样子了?

这可是我整个海岛度假的劳动成果啊!

这淋过雨的棉花太重了,会超重的!回去的路上坠车怎么办?

傲德!不许学我说话!

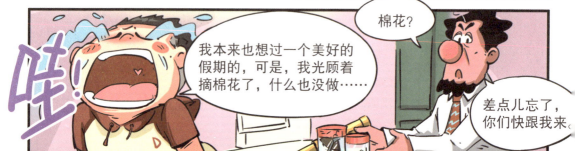

大家快来，帮我把1千克棉花和1千克铁块拿到材料室！

就你会偷懒！

没有进水的棉花非常轻！！

它们两个一样重，因为都是1千克！

果然一样重！

- 千克是国际单位制中质量的基本单位。

- 那么，1千克有多重呢？
  1升水、4个大苹果、2本大部头的书，大约都是1千克重。

- 它与另外两个国际单位制的质量单位——克与吨成倍数关系。
  1千克是1克的1000倍，所以1000克=1千克。
  1吨是1千克的1000倍，所以1000千克=1吨。

那么，你能写出下面物体的质量单位吗？

5(　)　　　10(　)　　　4(　)

扫码听讲解啦

单位思维

56

思维加油站

1千克棉花和1千克铁块哪个重？

无处不在的"秤"

回想一下，我们都是通过什么方法知道物体的质量的？没错！我们用各种各样的"秤"来称重。

 台秤

 天平

 弹簧秤

 磅秤

 体重秤

可碰巧有一天，想知道物体的质量，身边却没有秤，该怎么办呢？

等量代换

- 我们并不能在任何场合都能找到"秤"。
- 但有一个办法，让我们可以随时随地估算出物体的质量。
- 这种方法就叫等量代换。

● 比如，已知1瓶1升的矿泉水重1千克。那么，我们也能推算出其他物品的质量。

我得买10个炸鸡腿，才能让两边保持平衡！

1瓶矿泉水的质量=10个鸡腿的质量，因此，10个鸡腿约重1千克。

在数学中，如果$a=b$，那么，都可以用b来替换a。

 已知1个哈密瓜重1千克，3个橙子和1个哈密瓜一样重，那么，5千克橙子大约有多少个？

3个橙子=1个哈密瓜，可以进行等量代换。

扫码听讲解啦

单位思维

1千克棉花和1千克铁块哪个重？

质量与价格

讨论质量与价格的关系，是十分典型的数学问题。
例如：买1千克香蕉需要5元钱，那么，买3千克香蕉需要花多少元钱？

很简单啊，画线段就可以解决了！

邓冬冬你终于开窍了！

1千克香蕉5元，
3千克就是3个5元，3×5=15元。

5元 ???

那如果香蕉的单价是5元，3千克香蕉的总价是多少呢？

单价是什么？香蕉的亲戚吗？

每千克香蕉的价格就是香蕉的"**单价**"。

傲德是在和你玩文字游戏！

香蕉5元/千克。

啊？
那不还是3×5=15元吗？

由此，我们可以推导出一个公式 **单价×数量=总价**。

58

图书在版编目（CIP）数据

数学思维世界. 叠加与减少 / 傲德主编. -- 北京：天
天出版社，2025.4. -- ISBN 978-7-5016-2540-6

Ⅰ. G624.503

中国国家版本馆CIP数据核字第2025ZK1718号

数学思维世界

叠加与减少

傲德 主编

③

人民文学出版社 天天出版社

目录

📖 第一章
神奇药水   02

⛽ 思维加油站
青蛙多久可以占领科学馆？   13

📖 第二章
青蛙困境   16

⛽ 思维加油站
公开的秘密   27

第三章
没吃到嘴的鸡腿　　　　30

思维加油站
藏在鸡腿里的智慧　　　41

第四章
火星种植　　　　　　　44

思维加油站
美味的组合　　　　　56

科学馆

哇！好热闹！

啊！这是怎么了？

好可怕！

大鼻子，你要不要收拾一下办公室？

呱

呱 呱 呱 呱

啊啊啊啊

啊啊啊！谁来救救我！

哪里来的这么多青蛙？

02

怎么就草率了？除了你以外，大家对这个结果没有任何异议。

得投票才行！我觉得我也可以当管理员！

嗯……

好！既然这样，那就让想参加的同学一起来选。

兴致勃勃

自告奋勇

不停拒绝

害怕

看来，只有邓冬冬和唐豆两个候选人，

只好让两个人来一场竞赛。

五天以后……

五天过去了，怎么连个花苞也没有？

想什么呢？

唉，这花什么时候能开啊？

你是不是很想成为管理员？

当然！！

那……你要不要试试大鼻子的神奇药水呢？

对呀！我怎么就没想到呢？

可是，这样算不算作弊啊？唐豆知道了，会觉得不公平的。

你怎么就知道他不会用？唐豆可是很聪明的，他怎么会想不到可以使用神奇药水呢！我提醒了你，才是为了比赛公平！

是呀……可我怎么能拿到神奇药水呢？

我帮你拿！你忘了？大鼻子现在可是让我随意地进入实验室！

嘿嘿，谢谢你了，傲德。

我之前还总觉得你不可靠……

嘿！

点头哈腰

可不能多用，

不然明天这里就要变成原始森林了！

好好好！

今天是宣布管理员的日子，你们准备好了吗？

一周时间到了！

好了好了，快点儿吧！

唐豆，你这是怎么养的花啊？

是不是你给我们的花的品种不太一样？我查过了，我这株是龙舌兰的一个品种，并不爱开花。

看来是因为我什么都比你多放了一倍，才有了效果！

当然是一样的！既然这样，结果已经很明显了。

原来你们是故意的！

是我让傲德测试你们的！

我也试了唐豆，可他就没有乱来。

实验室管理员怎么能随便使用试剂呢？那可是要出大问题的！

哼！傲德果然还是那么不可靠啊……

别灰心，这是给你的纪念奖。

咦？绿色的白日梦糖丸吗？

眨眼

噗

呱

既然你这么有爱心，帮我养一只青蛙吧！

我不要！

我们先要知道现在科学馆里有多少只青蛙？

● "屋子里共有多少只青蛙？"这种计算"总数"的问题，在远古时期人们就可以回答，他们得出答案的方法和现在幼儿园的小孩子没有区别。

那边有3只青蛙，这边有5只青蛙，一共有多少只青蛙呢？

1只，2只……

不用一只一只地数，太麻烦了，直接列算式就好啦！
3+5=8(只)，走吧。

等一下，我的脚抽筋了！

叠加思维

- 在加法运算过程中，我们是将一个数和另一个数叠加在一起，计算总和。这种思维方式叫"叠加思维"。
- 生活中，叠加思维广泛存在。
- 在超市或商场购物时，需要将不同商品的价格叠加，得出总金额。

在组织活动时，统计参与人数，也是叠加思维。

新一代飞车正在测验环节，谁想做试飞员？举手报名！

……

叠加思维是指同类事物以相同单位的数量进行叠加。

叠加思维在生活中的应用十分广泛，就像这周末我们去野营……

每人带5袋零食，加在一起就是25袋零食，足够一起分享了！

我给大家带了5袋薯片。

我带了5袋面包。

我带了5袋果冻。

我先来，我给大家带了5袋炸鸡腿。

我给大家带了5颗糖果！！

你自己吃你的5颗糖果吧！！

不是说一块儿分享吗？为什么让我吃自己的糖果啊？

你知道大家为什么嫌弃邓冬冬吗？

仔细阅读叠加思维定义，我们会发现，能够叠加在一起的事物要遵循"同类事物"和"相同单位"两个要素。

"同类事物"是指同一类别的事物。例如苹果和苹果是同类，书本和书本是同类，树木和树木是同类，零食和零食是同类。从这个角度讲，邓冬冬也是带了同类事物。

"相同单位"是指用来衡量的标准一致。一打铅笔和一支铅笔就不可以叠加，要换成统一单位才可以。因此，只有邓冬冬给大家带了5袋糖果才符合"相同单位"的要求。

你能分辨吗？

判断黑板上哪些事物可以直接叠加，并写出答案。不能叠加的理由是什么？

1箱橘子+10个橘子
50厘米+20厘米
6个气球+2颗糖果

扫码听讲解啦

叠加与减少

15

哇！唐豆，你竟然搭建了一个小型动物园！

稍等，马上就打扫完了！

看来，这个管理员算是选对了！

可是……有个问题，

青蛙仍在不停地增多，到时候，恐怕这个小型动物园也容纳不下那么多的青蛙了！

要减少青蛙的数量才行啊！

上哪儿……
找蜥蜴呢？

蜥蜴一般会藏在岩石堆、灌木丛、树洞等可以提供遮蔽的地方。

我们分头行动，寻找蜥蜴。

好！就看看我们谁先找到蜥蜴！

我带着他们两个，你们可要小心点儿啊。

好了，我跟唐豆肯定先找到！

啊？
是蜥蜴吗？

19

什么情况?

是白日梦糖丸!

姜还是老的辣呀!

不过，还有个"小"问题!

25

关于"减法"的传说，最经典的就是"减法是加法的逆运算"。其实减法中还隐藏着很多其他秘密，接下来，你将会对它有一个全新的认识！

谁更大？

这里有一个鸡全翅，还有一个鸡翅尖。把鸡翅尖分给你好不好？

才不要呢！谁都知道哪个多，哪个少！

傲德，其他部分不会是让你偷吃了吧？

邓冬冬说得没错，没有人会认为一个鸡翅尖会比一个鸡全翅大，因为鸡全翅要比鸡翅尖多出很多好吃的部分。

无意间，我们发现了一个减法的重大秘密———一个事物减去一部分，它就变少了。现在，我们把鸡翅换成数，再来看一看。

你来比较一下，左右两边的大小吧！

5〇5-2
56-12〇56

扫码听讲解啦

叠加与减少

减法可以让一个数变小！

我果然选到一个聪明的实验室管理员！

一招识破"障眼法"

在数学计算中，当我们看到"减少了""还剩多少"这一类的关键词时，不难想出，是要进行减法计算，因为减法运用的是"减少思维"。

减少思维是指同类事物以相同单位的数量进行减少。

开始时的质量

也就是减少了多少

① 确定初始状态
② 确定如何变化
③ 计算结果

在确定初始状态时，要注意识别题目中的"障眼法"。

障眼法一： 变幻莫测的计量单位

一袋面粉1千克，吃掉500克，还剩多少克？

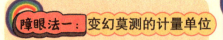

面粉 ━ 🏔 ＝ ❓

1千克   500克   ❓

初始的计量单位和结果的计量单位不统一！

扫码听讲解啦

叠加与减少

障眼法二： 混淆视听的初始数量

教室里有7名男同学，2名女同学。有5名男同学去操场上活动，此时教室里还有几名同学？

① ②

7名同学中，走出教室5名，那教室里还剩2名同学。

冬冬哥哥好像被障眼法骗了。结果问的是教室里还有几名同学，男同学和女同学都是同学，因此，一开始教室里应该有9名同学。

思维加油站 公开的秘密

看招！加、减组合拳

我们已经学习了加法和减法，在不同题目中也要学会正确使用哦！

让我们看几道题来训练一下吧！

① 思维世界中午的气温为零上18℃，傍晚气温为零上5℃，晚上气温为零下2℃，那么，从中午到傍晚，气温降低了多少度？从傍晚到晚上气温降低了多少度？

零上18℃
零上5℃
零下2℃

首先，中午和傍晚的气温都在零上，也就是需要我们求从18到5减少了多少，那就用减法18-5=13(℃)，所以，从中午到傍晚降低了13℃。

再来看第二个问题，傍晚气温到了零下2℃，也就是比0℃还低。从零上5℃到0℃是降低5℃，从0℃到零下2℃是降低了2℃，所以，一共降低了5+2=7(℃)。这里就要用加法了。

② 再来看这道题：如果邓冬冬家、唐豆家和学校都在同一笔直公路上，邓冬冬家距离学校800米，唐豆家距离学校600米，那么，邓冬冬家和唐豆家的距离是多少米？

这道题有两种情况，一种是他们两家在学校的同一侧，另一种是他们两家分别在学校的两侧。

如果他们两家在学校同侧的话，那两家的距离为800-600=200(米)。

如果他们两家分别在学校两侧的话，那么，两家的距离为800+600=1400(米)。

我倒是很想试试！

慢慢

悠悠

摩天轮太慢了，再快一点儿吧！

一哎

啊啊啊啊……

唰 唰 唰 唰 唰

哐当

一哎

咚

我还没玩到啊！邓冬冬！

你们这是在玩"飞跃宇宙"吗？

咚

啊！哪里来的鸡腿？

嗅

我在那边开了一个小吃摊，游乐场里面怎么能没有小吃摊呢？

是是是！

真香！

吃

我怎么没想到啊！让我去当摊主好不好？

好啊，

那就转让给你了！

嗒嗒嗒——

35

啊？游客一共需要28个鸡腿……

已经炸好的鸡腿只有19个，肯定不够分，还得继续再炸……

咴~

您好，这是新炸好的鸡腿！

总算是忙完了，累死了……

刚好剩两个，那就都是我的了！

叮咚！

时间到了，
孩子们回来吧！

啊！

不行啊，
我还没吃到！

啊…

怎么样，
游乐园好玩吗？

好玩，还有点儿
没玩够。

好可惜，我还没尝到
冬冬哥哥炸的鸡腿呢！
一定很好吃吧？

我也没有
吃到啊！！！

好了，时间不早了，
明天还要竞赛，
快回去休息吧。

都怪傲德，多给我一分钟，我就吃完了！

嘻嘻。

欺人太甚！

竞赛开始！

数学思维竞赛

刷刷

题目出错了吗？这也不够减啊。

嘻嘻

刷刷

40

吃炸鸡腿容易发胖，除非遇到以下两种情况：

一、像傲德一样，对鸡腿爱到疯狂，一天不吃就夜不能寐；

二、像邓冬冬一样，拜鸡腿为师，没准儿能从其中发现数学的奥秘。

嘿嘿，这招叫"乾坤大挪移"！

谢谢鸡腿救我脱离加减混合计算的"苦海"。

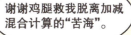

算式的乾坤大挪移

　　还记得故事中的数学计算题吗？19-28+11等于几？按照从左往右的计算顺序，19-28显然不够减。这时，我们可以让数带着符号搬家，先算19+11，再减去28。

19个鸡腿，28位客人，根本就不够啊。

只能再炸11个鸡腿了！

这招"乾坤大挪移"也叫"带符号搬家"。

太神奇了！通过带符号搬家，改变数以及它们前面的运算符号的位置，计算过程就变得简单了。

搬家为何带符号?

26+19-15
=36+15-19 ✗错!

挪移!挪移!挪移!

20+3-7
=20+7-3 ✗错!

25-2+18
=25-18+2 ✗错!

带符号搬家的精髓就在于"带符号"。

30+7-20=?
30+20-7✗
30-20+7✓

36+11-4
=36-4+11 ✓正确

数字只代表数量,有了前面的符号,才有了完整的意义。

　　比如,10个苹果,吃掉6个,还剩几个?10和6原本是两个孤立的数,分别代表10个苹果和6个苹果,而"10-6"的含义则是"吃掉10个苹果中的6个",在这里"-"表示"吃掉""减少",它与"6"共同表示了"吃掉6个"。因此,在将数搬家的时候,也要将它前面的符号一块儿搬走。

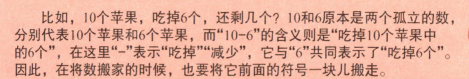

藏在鸡腿里的智慧

实战演练

 谢谢"鸡腿老师"！我现在已经掌握全部秘籍了！

来测试一下吧！

 第一关 火眼金睛

计算下面哪个算式时，必须使用带符号搬家？

19+11-2   57-43-7

87-24+3   2-19+28

 第二关 诊断

下面的算式，进行带符号搬家时，是否符合运算规则？

15+21-5=15+5-21   56-11-26=56-26-11

37-29-13=37+13-29   45+16-2=45-2+16

 第三关 看招！

接下来，开始用带符号搬家计算一个个算式吧！

45-2+15   198+23-98

31-17+9   17-8+13

扫码听讲解啦

叠加与减少

唐豆，干得不错！动物园被你管理得井井有条。

接下来，我们可以搭建一个植物园。你有什么想法吗？

略略略

真的吗？

之前在电影中看到，火星上可以种土豆，我想模拟火星环境，看看是不是真的可以种土豆！

想法很好！

棒

我来搭建火星环境，可是，土豆呢……

略略略……

我来！

45

你的学生竟然把土豆和薯条混为一谈！

唠唠叨叨

我的美食时间……

真是荒唐！

嗯？

"荒唐？"你怎么能这么说？

虽然傲德平时不怎么可靠，但关键时刻他当然要保护自己的学生。

比如，我也有唐豆这样优秀的学生啊！

咚

你们，想要找完整的土豆，这还不简单！

走，我们去……

我们这是要去哪儿？

已经到了，就是这个农场！

哎哟！傲德！你这是把车停到了什么地方？

土豆在哪里？

我先带你们认识一下各种农作物！你们很快就会爱上这里。

咦？邓冬冬呢？

他在那儿！

看来他已经爱上这里了！

49

51

虽然都被砸坏了，但西瓜真的很好吃！

邓冬冬，你怎么可以随便吃别人的水果？

没关系，反正也难卖出去。

啊！

一口草莓配上一口西瓜，味道出奇地不错呢！

你有在听我说话吗？

嗯？真的吗？我尝尝看！

确实，这个组合真是太棒了！

啊？你竟然也认同他？

那是不是大家都会很喜欢这种组合呢？

不如把水果组合成沙拉和混合果汁来卖！

真的可以试试！

美味的组合

唉，又闯祸了。我只是想让别人看到我也有很厉害的地方！

你这次已经证明自己了。你想出的美味组合可是帮了大忙！
这种思维方式，在解决数学问题时，也会起到锦上添花的作用。

哦？数学也会变成美味的食物吗？

......

在算式中组"队"——加括号

我既要卖西瓜，又要卖草莓，
等同于我可以卖(西瓜+草莓)的组合。

数学中，17-3-7就可以看成17先要减3，
又要减7，等同于减去(3+7)的组合。

因此，17-3-7
=17-(3+7)
=17-10
=7

哇，看来我发现了一种简便计算的
方法。唐豆也做不到吧！哈哈。

在加法中，同样可以利用加括号的方法
配对组合。56+9+11也可以理解为56先要加9，
又要加11，等同于加上(9+11)的组合。

因此，56+9+11
=56+(9+11)
=56+20
=76

解除绑定——去括号

给算式中加括号是为了使运算更简便。有时，去掉算式中的括号，也能达到简化运算的目的。

例如，55+(25+23)，55可以与25+23的组合相加，也可以先后加上两数。

$$55+(25+23)$$
$$=55+25+23$$
$$=80+23$$
$$=103$$

再来看看减法，如何计算57-(27+19)?

57减去(27+19)的组合，相当于先要减27，再减19。
因此，57-(27+19)
$$=57-27-19$$
$$=30-19$$
$$=11$$

这个简单，把刚刚加括号的逻辑反过来想!

请你用去括号的方法，计算下面各题。

51+(9+23)=　　　　83+(47-19)=

127-(57+32)=　　　106-(76+28)=

答案

$$51+(9+23)$$
$$=51+9+23$$
$$=60+23$$
$$=83$$

$$83+(47-19)$$
$$=83+47-19$$
$$=130-19$$
$$=111$$

$$127-(57+32)$$
$$=127-57-32$$
$$=70-32$$
$$=38$$

$$106-(76+28)$$
$$=106-76-28$$
$$=30-28$$
$$=2$$

除了前面所说的简便运算的方法，
还有以下两种常用的提升运算速度的方法。

加法交换律

几个数相加，交换加数的位置，和不变。
用符号表示就是 $a+b+c=a+c+b$
举例来说，66+15+4
　　　　=66+4+15
　　　　=70+15
　　　　=85

加法结合律

几个数相加，先把其中任意几个数相加，和不变。
用符号表示就是 $(a+b)+c=a+(b+c)$
举例来说：6+15+5
　　　　=6+(15+5)
　　　　=6+20
　　　　=26

来挑战一下吧！用今天所学到的简便
运算方法，计算下面这个算式。

14+25+5+33+7+16-9-11

扫码听讲解啦

叠加与减少

图书在版编目（CIP）数据

数学思维世界. 复制与均分 / 傲德主编. -- 北京：天
天出版社，2025. 4. -- ISBN 978-7-5016-2540-6

Ⅰ. G624.503

中国国家版本馆CIP数据核字第2025HN4888号

数学思维世界

复制与均分

傲德　主编

人民文学出版社　天天出版社

目录

第一章
傲德真奇怪！ 02

思维加油站
分身术和分配法 13

第二章
量身定制的厚礼 16

思维加油站
礼物中的大发现 28

📖 第三章
我来了，炸鸡节！　　31

⛽ 思维加油站
"掌管"运算顺序的符号　　41

📖 第四章
最幸福的记忆　　44

⛽ 思维加油站
我有，你没有　　56

科学馆

再也不要上傲德的课了，比猛兽还要恐怖，我要转学！我要转学！

哟，倪娜，你怎么在外边？

喂，你这是干吗去了？怎么逃课呀！

嘿嘿嘿。

我刚刚看到傲德正和大鼻子聊天呢。他都没来上课，我着什么急啊！

啊？

站着干什么，快进去啊，一会儿傲德就回来了！

别进去！

气死了，饭都不香了！

傲德居然在吃蔬菜！！！

看来我不吃蔬菜是对的！

吃蔬菜会让人性情暴躁！

嗯？

这和吃蔬菜有什么关系啊……

反正我要远离他！

他明明刚吃完饭，怎么又来吃一次啊？

就在我们进来的时候，他正好刚吃完饭离开。

你说你刚才就见到傲德来食堂了？

真是太奇怪了！

嗯！

同学们！

下午课程取消，改为去科学馆进行自由探索。

生气

好啊，上午还在批评我们，现在自己却偷懒不想讲课！

找傲德理论去！

别冲动啊！

啊？不是你让我们去科学馆的吗？

快上课了，你们这是去干吗？

办公室吧……

找到他，一定问清楚到底是怎么回事！

等等！有情况！

吸

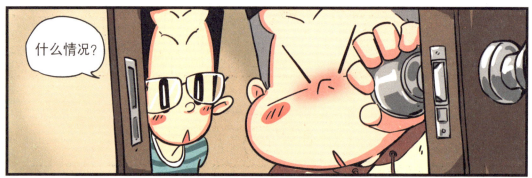

什么情况？

傲德没在吗？

他给我们准备了这么多好吃的！

啪

好吧，我错了！

速速坦白

你们先别分我的鸡腿，我把真相告诉你们。

你今天为什么讲课那么枯燥无聊？

怎么就突然从科学馆闪现到了教室？

为什么对我们凶巴巴的？

为什么在不停地吃饭，竟然还吃了蔬菜？

倪好，你什么时候来的？

快说！

复制药水！

好吧，其实是……

11

傲德利用复制药水，复制出傲德1号、傲德2号、傲德3号，听起来像是一种在未来才会实现的科技，但"复制"并不是什么新鲜事。

古埃及人很早就已经掌握了复制的规律。虽然他们没听说过"乘法口诀表"，但是，他们有自己的办法计算复制后的数量。

老师，3筐苹果，每筐有12个，一共有多少个苹果？

一筐有12个，两筐就有24个，三筐就有36个！

你发现了吗？古埃及人在利用加法解决数量复制的问题。
瞧！他们误打误撞找到了乘法的基本规律——重复相加，也就是复制的思维。

复制思维是指同类事物的重复性增加。

哦！我懂了！
如果把傲德复制3次就是这样的。

 ×3 =

 怪不得傲德搞来那么多鸡腿，一定也是用了复制药水！

 就知道你还在打鸡腿的主意！

思维加油站 — 分身术和分配法

如果把8盒鸡腿平均分给4个人……

第 **1** 次：
每人一盒

我不同意！　我同意！　我同意！　我同意！

第 **2** 次：
每人再分一盒

💡 炸鸡腿的分配体现了除法的底层思维——**均分思维**。
均分思维可以这样表示：

8盒鸡腿除以4：

6本书除以2：

12个苹果除以3：

 均分思维是指将研究对象进行数量上的平均分配。

 乘号与除号

　　英国数学家奥特雷德认为，既然乘法是加法的一种特殊形式，那么可以将加号"+"转动45°角，于是创造了现代的乘号"×"。
　　除号则经历了几次更替。奥特雷德用"："表示除号，阿拉伯人用"-"表示除号，瑞士数学家约翰·哈纳把二者结合，他用"-"将"："分开，于是，有了今天的除号"÷"。

分身术和分配法

如果我们把10个鸡腿平均分给5人,每人可以分2个,即10÷5=2(个)。

那么,将1张饼,平均分给4个人,那每人能得到多少张饼呢?

不是啊,
1张饼被分为4块,
每块饼就是整体的$\frac{1}{4}$,
用数学语言描述就是$\frac{1}{4}$张。

1张呗!

倪娜说的才是正确的!遇到这类将1个物体平均分的场景,用分数表示才是最清晰的!

我说的1张和你说的1块是一个意思。

邓冬冬应该能理解分数的正确用法了吧。

把任何一个整体平均分成若干份,这样的1份或几份都可以用分数来表示。分母是被分成了多少份,分子是其中的1份或几份。

在上面的讨论中,分母表示1张饼被平均分成了4份,分子表示每人得到了1份,所以用分数表示就是$\frac{1}{4}$。

现在,你能用分数表示下面的分配吗?

1 1个面包分给3人,每人分到_____个面包。

2 把1桶水平均分到6个杯子里,每个杯子里有_____桶水。

扫码听讲解啦

复制与均分

17

啊？你的身材都快和傲德一样了，怎么还想着吃啊！

"快和我一样"是什么意思？

对了！

傲德的愿望是什么呢？

我啊……

我可和邓冬冬不一样！我要练出完美的腹肌！

哦……

自信满满

18

可惜，一年过去了，他的肚子还是那么浑圆。

确实，他的愿望太难实现了。

咦？你们怎么还没到学校？

晃晃悠悠

那正好，你们到了学校先去一趟科学馆，大鼻子说给我们准备了夏日庆典的礼物。

快点儿，谁先到谁先选，嘿嘿嘿。

什么礼物？

喂！等等我们啊！

嗒嗒 嗒嗒

傲德！

19

20

等一下！

我们换一种方式选礼物吧，应该给每人分配一个房子！

为什么？

咳咳！邓冬冬，还记得你去年庆典的梦想吗？

当然！

你应该选择"大快朵颐"！尽情挑选自己喜欢的食物！

你说得对！

我们应该每人分1个房子！

每人在4个房子中各选1个礼物，和每人在一个房子里选4个礼物，最后拿到的礼物数量都是一样的。傲德说的方案更省事一些！

但是每个房子里的礼物风格区别会不会很大呢？

24

25

零食

零食

零食

零食

我怎么感觉
你选的房间
也很适合我呢。

你怎么还没进去？

马上！

我要进去了，
应该不会
让我失望吧！

咦？

这……

轰隆隆……

哇！

26

你发现了吗?
在故事中，两次挑选礼物的方式虽然不同，
但最终礼物总数都是4×4=16(件)。
在乘法中,也会出现其他过程不同，但结果相同的情况。

我们可以举一个例子
证实一下，例如……

1 每桶有5个鸡腿，
我一次可以吃4桶，
一天吃3次，那我一天
一共可以吃多少个鸡腿呢?

2
你可以先算我一天吃多少桶鸡腿，
再算一共有多少个，
列式表示为：3×4×5=60(个)。

你也可以先算我一次吃了多少个鸡腿，
再算3次一共吃了多少个，
列式表示为：3×(4×5)=60(个)
最后60个鸡腿还是都跑到我的肚子里了!

被你算明白了……

你看出规律了吗?
三个数相乘，先乘前两个数，
或者先乘后两个数，积不变。
这叫作**乘法结合律**。

我可以把它简化成下面这个公式。
$(a×b)×c=a×(b×c)$

你们怎么总是在发现一些看似无聊的规律啊，它有什么用处呢？

在数学计算中，乘法结合律可以使计算变得更加灵活。

● 例如：计算7×25×4时，我们可以优先计算25×4。

$$7×25×4$$
$$=7×(25×4)$$
$$=7×100$$
$$=700$$

● 如果有需要，我们也可以将两个数相乘转变成多个数相乘。
例如：计算16×25时，可以将16分解成4×4。

$$16×25$$
$$=4×4×25$$
$$=4×(4×25)$$
$$=400$$

怪不得唐豆总是算得那么快！

热爱劳动

难道比我打扫教室的速度还要快吗？

嗖～

嗖～

～嗡嗡～

思维测试

一　邓冬冬的作业单

邓冬冬真的学会乘法结合律了吗?

1　25×18
=(20+5)×18
=20+(5×18)
=110

2　125×12×8
=125×(12×8)
=125×96
=1200

如果你有正确且简单的方法,请告诉邓冬冬吧!

二　实战演练

请你利用乘法结合律解决下面的问题:
　　一所学校共有6个年级,每个年级有4个班,每个班有25名学生,请问,这所学校一共有多少名学生?

扫码听讲解啦

复制与均分

第三章 我来了，炸鸡节！

据资料记载，有一个神秘的炸鸡小镇，这个小镇每年还会专门举办炸鸡节。

傲德，不要讨论与上课无关的事情！

乘法与除法

当然！接下来，我就要出一道与之相关的题目。

一份炸鸡的售价是8元，把16份炸鸡平均分给傲德、邓冬冬、唐豆和倪娜4人，平均每人分到的炸鸡价值多少元？

去买一下不就知道了？

没必要因为一道题大费周章吧！

来都来了，这么热闹的节日，你怎么忍心说这种话？

是吧傲德？

是的，所以……

走，买炸鸡去！

怎么总是这么冒失！

等一等！怪热的天跑那么急干吗？

冰冰凉的冰激凌，和夏天更配哦！

刹

！！！

咚

咚 咚

我要两支冰激凌！

老……板……

怎么一开始不说啊……

那，要不然……我们不要了，把钱退给我们吧！

有样学样

你是对我的手艺没有信心？

不是……

我不是那个意思，要不然……先给我们做4支怎么样？一会儿奶油到了再做其余的4支。

理直气壮

说好的做8支，就是8支，怎么能4支4支地做，你让我欺骗顾客吗？

这是什么歪理……

奶油来了！

啊啊啊·啊

嗷

久等了，你们要的8支冰激凌！

好吃可要再来买呀！

够呛……

就按傲德说的，先做出来4支，每人分1支，奶油来了之后，再做另外4支不就好了吗？

你说得没错。分成2次，每次做4支冰激凌分给4人，和做出8支分给4人，最后每人都是得到2支冰激凌。

刚才你们怎么不和老板说啊？

你看傲德……刚才他被老板吓得都不敢说话了……

确实，看他无可奈何的样子！

炸鸡小镇

宾馆

这边没人排队！

来晚了，到处都是排队买炸鸡的人……

好，那就在这边……

36

24、25、26……32，再加上8……

老板，要不我们帮你算算，也许能快一点儿？

请不要打扰我……

糟糕！我算到哪儿了？我又要重新算了！

对……对不起……

完蛋了，这下他俩都受到了刺激……

噗

23、24……再加一个8，25……

坚持

算好了，果然是128元！

给你，16份炸鸡做好了。

炸……鸡……

咕噜

咕噜

咕噜

咕噜

啊，怪不得我们今天遇上的老板都这么奇怪！

原来他们是兄弟！

一个非要等奶油，让我们等了半天。

另一个不会算价格，害我们又等了好久……

两个人都很固执！

两兄弟还真有意思……不过，味道还是不错的。

大家还记得我们课上讨论的问题吗？

16份炸鸡平均分给4人，每份炸鸡8元，那么平均每人分到的炸鸡价值几元？

在运算过程中，我们总要遵守一些规则。比如，乘除法优先原则。也就是当算式中，既有加法或减法，也有乘法或除法时，要优先计算乘法和除法。

举个例子：

$5+6×7$
$=5+42$
$=47$

你看，即使加法在前，也要遵行"乘除优先"的原则。

不过，凡事都有例外。
当算式中有了括号，它一定是运算的最优先级！

 现在，我们知道了填括号的用处——改变运算顺序。

● 例如乘法计算15×2×3，如果变成15×(2×3)，要优先计算2×3，

即 $15×(2×3)$
$=15×6$
$=90$

● 例如16×6÷3，如果变成16×(6÷3)，要优先计算6÷3，

即 $16×(6÷3)$
$=16×2$
$=32$

我明白了！

上次我们分鸡腿，每个鸡腿8元，一共16个鸡腿，平均分给4人，每人要花8×16÷4元。

添上括号就相当于先计算每人分了几个鸡腿，再计算每人要花多少元。现在，我可以快速算出：

$$8×16÷4$$
$$=8×(16÷4)$$
$$=8×4$$
$$=32(元)$$

在添括号时，还需要关注括号前面的符号。千万不要大意哦！

　　在乘除法混合计算中，如果括号前面是乘号，括号里面与之前保持不变。如果括号前面是除号，括号里面则要变号！例如24÷4÷2。变为24÷(4×2)时，添加括号的同时，括号内的除号变为了乘号。
因此，添括号后就变成24÷(4×2)。
　　即24÷4÷2
　　=24÷(4×2)
　　=24÷8
　　=3

　　我们同样使用分鸡腿举例。
例如把24个鸡腿平均分给4组同学，每组有2名同学，每名同学可以分到24÷4÷2个鸡腿。
我们也可以先计算出一共有多少名同学，再计算每名同学可以分到多少个鸡腿，列式表示为24÷(4×2)。
　　即24÷4÷2
　　=24÷(4×2)
　　=24÷8
　　=3(个)

啊？那我不会失忆吧？

是储存在思维世界模拟器中的记忆被盗了，不是你脑袋里的记忆被盗了！

之前为了研究思维世界模拟器，你们在我这里存储的记忆存档，现在全部不见了。

啊，那有什么好担心的？

不能不担心！
模拟器内部档案缺失，会导致机器程序错乱，没法工作。

而且，你们的记忆中，包含我们学院和实验的大量机密，如果泄露出去，我们的科研成果也会被窃取。

时空飞车的资料也会被窃取吗？

还有能让我们在梦中实现愿望的白日梦糖丸呢？

还没有问世的各种药水也会被人知道……

还有傲德做过的很多糗事……

跟我有什么关系？

所以，我们要把所有记忆都夺回来！

可是……用什么方法可以夺回来呢？

通路？

哎哟，都有办法了，那你为什么还吓唬我们？

我已经找到了追回通路。

因为，我需要一些"原料"。

原料？

"原料"就是你们的记忆。

通过接口，将记忆量收集到一起，测算珍贵值达到100，便可连接到"百倍通路"，利用数据吸引相关记忆，回到思维世界模拟器中。

说简单点儿，就是吸取你们深刻的记忆，交叉重组，恢复记忆档案的数据。

也就是要把我们很重要的记忆复制到思维世界模拟器中？

什么？记忆会消失！

科学馆

是的，记忆不是复制，而是转移。这部分记忆会随之在你们的脑海中消失。

而且……

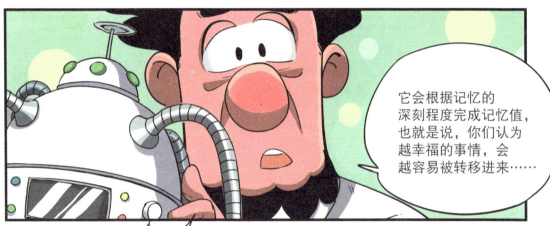

它会根据记忆的深刻程度完成记忆值，也就是说，你们认为越幸福的事情，会越容易被转移进来……

啊，大鼻子要夺走我最美好的记忆！

这会不会让我变笨啊……

好害怕……还是溜了吧……

我先来吧！

50

够了吗?

72%? 居然还差这么多!

完成度 72%

唉，这可怎么办呢?

要不然，让邓冬冬再试一次?

你可以自己来啊。

啊!

我这不是不好意思吗！

你可是人家的老师啊！

拿出你的气魄来，怎么还不如孩子们有魄力呢？

让我来！

哇，你突然地情绪高涨，让我有点儿适应不了！

啪

开始传输……

73% 89% 96%

几天后

科学馆

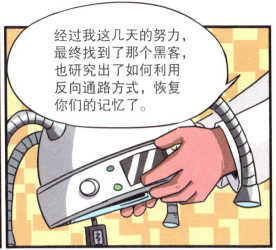

经过我这几天的努力，最终找到了那个黑客，也研究出了如何利用反向通路方式，恢复你们的记忆了。

你是说，当时转移走的我最幸福的记忆，现在可以还给我了吗？

没错，我已经把它单独提取出来了，可以用思维世界模拟器传回给你。

到底是啥来着？不会和炸鸡腿有关系吧？

一会儿你就想起来了！

恢复中

在这个故事中，大家成功开启了记忆数据的"百倍通路"。每个人的记忆值乘100后再求和，和所有人的记忆值的总和乘100，结果是一样的。

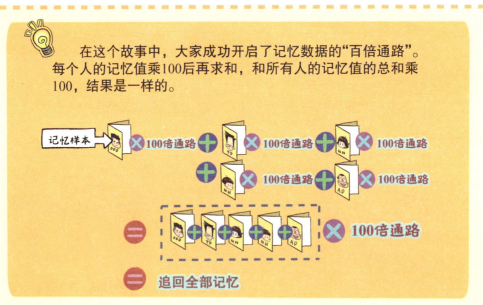

追回全部记忆

像这样计算两个或多个数的和与一个数相乘，可以先把它们与这个数分别相乘然后再相加的运算律叫作乘法分配律。

用字母表示为：$(a+b)×c=a×c+b×c$

结合所学完成以下练习吧。

$33×13+7×33$

$19×4+19×6$

$27×2+27×8$

答案

$33×13+7×33$	$19×4+19×6$	$27×2+27×8$
$=33×(13+7)$	$=19×(4+6)$	$=27×(2+8)$
$=33×20$	$=19×10$	$=27×10$
$=660$	$=190$	$=270$

在进行乘法计算时，为了方便，我们也可以把一个乘数转化为整十数或整百数，进行计算。

例如：计算71×50，可以将71变成(70+1)，再与50分别相乘。

$(70+1)×50$
$=70×50+1×50$
$=3500+50$
$=3550$

想想看，在计算69×5的时候，又要怎么凑整呢？

$69×5$
$=(70-1)×5$
$=70×5-1×5$
$=350-5$
$=345$

我发现了！当一个数和另一个数相乘时，可以看成一个数和两个数的和或差相乘！

请你用刚学到的方法来计算：99×11。

这道题有两种方法，可以把99写成(100-1)，也可以把11写成(10+1)。

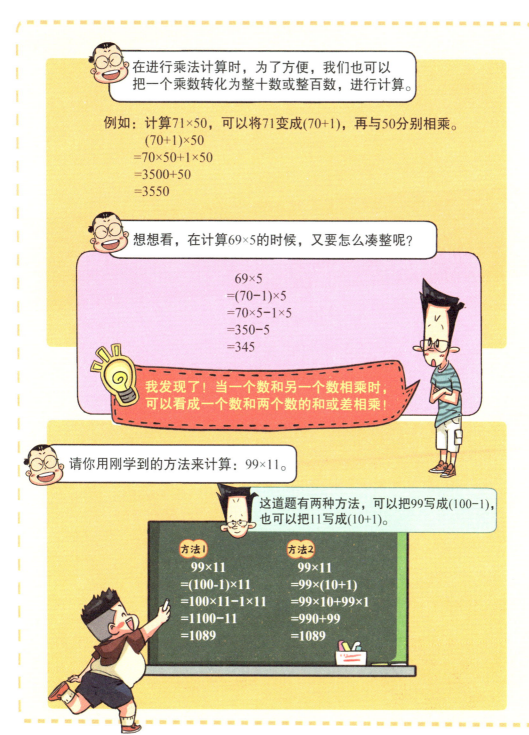

方法1
$99×11$
$=(100-1)×11$
$=100×11-1×11$
$=1100-11$
$=1089$

方法2
$99×11$
$=99×(10+1)$
$=99×10+99×1$
$=990+99$
$=1089$

拆分思维

傲德 主编

人民文学出版社 天天出版社

目录

第一章
长度宣传大使   02

思维加油站
不合适的相框   13

第二章
开发新大陆   16

思维加油站
风靡古代的明星图形   28

📖 第三章
神秘翅膀　　　　　　　31

⛽ 思维加油站
生活中的不同"面"　　42

📖 第四章
傲德的"小心思"　　　45

⛽ 思维加油站
"骗局"大揭秘　　　　56

科学馆

又是米，又是厘米的，都把我弄晕了！

现代人的生活真复杂，古代也有这么麻烦的单位换算吗？

我记得之前说过，在古代很多国家都是用身体部位作长度单位。

应该就不会需要单位换算了吧？

米 = ? 厘米

单位换算

古代啊……

竟然敢在我的课上明目张胆地聊天！

啪

抢

嘅

傲德！

哼！橙汁可不能再让你抢走了！

咕嘟……

太难喝了！

太难咬了！

看来他们的牙齿也不够坚固。

这种用面包做的饮料，只有我们才懂得享用吧！

这时候哪儿有什么橙汁啊！

咚

看来，你们只习惯喝水。

是呀，我们还是喝水吧。

哪里有水呢？

去往尼罗河的路口，就在离这里大约500腕尺的地方！

你们这些外地人连这么先进的计量单位都没有听说过……

腕尺？

手腕怎么当尺啊？

法老规定从肘部到指尖的距离就是一腕尺！

法老的胳膊大概和我的一样长。

好，傲德的胳膊和你的差不多，我们这就去找水喝。

我还没……

489……

他的胳膊那么长。

什么？

意思是，我也得像傲德那样……

再去量500腕尺！

498……499……500！

这里。

他们怎么还没回来？

哎哟！我的腰！

抽筋

放不下

放不下

振奋

太麻烦了！不行！我要把"米"这个计量单位教给他们！

我们回来了！

很正常，我们从地里干活儿回来脚上都会有泥，擦一下就好了。

咦？怎么这样？

嘀嘀咕咕

给你们出个主意：你们可以在门口放一个羊毛垫子，

进入房间的时候，蹭一蹭，这样就不会把泥土带进房间里了。

啊？

"米"是我们那里的长度单位，这根线的长度就是1米，你们大概做成长50厘米的垫子就够了。

你的提议真棒！还是你们那种物质匮乏的生活，能够激发人的创意！

你在说谁物质匮乏？

兴高采烈

碰

傲德，你是怎么想出这么好的主意的呢？我们使用的长度单位就这么容易地被传播使用了！

可是……

他们怎么还没做好？

做一个长为50厘米的垫子，需要这么久吗？

去看看！

10

把这根绳子平均分成100份，每份就是1厘米，现在我们需要长50厘米的垫子，长度应该是这根绳子的一半！

你们怎么不早说？

哎呀，我还没说完，你们就走了。

怒气冲冲

不要学我说话！

嗖嗖嗖

啪

我还是好好学换算吧，这可比用身体计量轻松多了！

思维加油站 **不合适的相框**

邓冬冬，你在干吗？

我要量一下相框的尺寸，把我和古埃及人的合影换上去。

120厘米。

你这个误差也太大了吧……

??

你知道为什么倪娜说这样测量的误差太大了吗？

当我们说到物体的"长度"时，指的是物体一端到另一端的距离，也就是**"线段的长度"**。

因此，像邓冬冬这样，在软尺没有拉直的情况下进行测量，测出来的并不是物体真实的长度。

咦？这个尺寸是我反复测量过的啊？

要不然你用这个尺子重新量量？

这么短，怎么量？

多测量几次，就可以了。

我利用这个尺子测量好了。
尺子长20厘米，照片的边长刚好是5个尺子那么长，所以，照片的边长是100厘米。

那刚好就是1米喽。

　　长度单位之间的转换，利用的是拆分思维。1米之所以等于100厘米，是因为1米可以拆分成100个1厘米。
　　邓冬冬的做法利用了同样的思维，他将相框的边长拆分成5个长为20厘米的尺子的长度。

拆分思维是将整体进行拆分的思维，需要根据具体情景判断是否需要分成相等的要素。

请你将以下的长度单位进行换算。

56米 = _____分米 = _____厘米
3千米 = _____米 = _____步(假设：1步=1米)

扫码听讲解啦

拆分思维

不合适的相框

🔴 刚刚我们提到的拆分都是进行平均拆分。有时，我们也需要拆分成几个不相等的部分。

🔴 如下图，在一个长为15厘米、宽为11厘米的长方形内有四对正方形(标号相同的正方形为一对)，每一对正方形大小相同。那么，中间这个阴影正方形的边长是多少厘米？

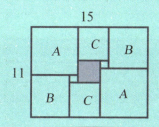

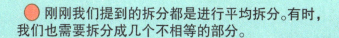

这道题中，大长方形的长和宽都可以被拆分成长度不等的几部分。

🔴 首先，我们先看长方形上边的长边，它是由正方形A、B、C的边长组成，由此，我们可以得出：
边长A +边长B +边长C =15厘米。

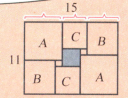

🔴 再看长方形左边的宽边，它是由正方形A、B的边长组成，所以，我们可以得出：
边长A +边长B =11厘米。

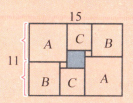

对比这两个结果，我能求出来正方形C的边长，表示为：
15-11=4(厘米)

没错，我们继续。
接下来，再看下图中穿过阴影部分的这条红色的线段，它和长方形的宽边一样长，也是11厘米。用它减去上、下两个4厘米后，就可以算出答案了！

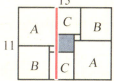

所以阴影部分正方形的边长就是11-4-4=3(厘米)！

小心点儿，一会儿这里又要出来一只怪兽了！

放心吧，早就准备好了！

嗷呜

嗖

快跑啊，你追肉干什么？

都玩了多少遍了，早就知道那个怪兽伤害不了我们了！

就算这样你也要认真点儿！

倪娜，你怎么这么快就到终点了？

我闭着眼睛都能走出来了！

是你们太慢了！

都怪这个家伙，非要让我认真一点儿。

可是，打游戏不认真一点儿，就没有意思了。

已经很没意思了，快走吧……

唉，思维世界模拟器中的地图都刷无数遍了！

胜利

醒

17

18

我也可以更新地图！而且应该比你快得多，以后这种事情就交给我吧！

原来，你以为做地图这么容易啊……

好啊，那就先看看到底谁的速度更快吧！

啊，我也想试试做地图！

嘣嘣…

…呜呜呜

先做几只怪兽，再做机关和……

不能乱来！

99……
100步。

完成！

啊？我的盒子呢？

大鼻子！是不是你拿走了我的鸡腿？

我拿你的鸡腿干什么？

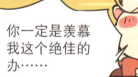

你一定是羡慕我这个绝佳的办……

法……

怪兽？！

嗖——

是怪兽抢了我的鸡腿！

大鼻子，一定是你搞的鬼！

只能怪你自己！

我的软件里预先设置了怪兽和机关，你一下来就大喊大叫，结果激活了设置，现在怪兽出现了，一会儿机关也会出现的……

怪兽

看来，我设置的东西马上也会出现，就不在这儿浪费时间了。

？？？

啪

嗡嗡嗡

哇！

嘭！

哇，很气派啊！

做个围墙，用一串代码就完成了，哪里需要那么麻烦？

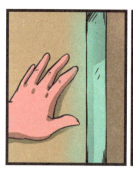

嗡～～。

咚

地图的边界已经围好了，剩下的地图就麻烦你来做喽！

嗡～～。

哒

怎么感觉又上了大鼻子的当了？

这是……除草机吗？这种感觉似曾相识……

断～

嘎！

啊！

啊？大鼻子，你哪里弄来的代码？

做地图哪儿有那么容易，可是我刚来，傲德就吵着要自己设计地图，那我就让他体验一下。

我熬了几个通宵新写的代码，这几天又做出了几张新地图，本打算今天过来更新的。

大鼻子！怎么又让我锻炼腹肌了？

看来，体验还不错！

哈哈哈！

做地图这么危险啊！幸好我没去……

为什么一定要划分成正方形或者长方形，而不是其他形状呢？比如，二十七边形或是十九边形？

大鼻子，等我出去一定找你算账！

嗯……人们是从什么时候开始用正方形和长方形的？

使用正方形和长方形是人类智慧的一种体现！

正方形、长方形从哪儿来？

正方形和长方形的出现，与建筑和测量有关。

在古代，古埃及人用正方形与长方形建造金字塔与神庙，古巴比伦人则用长方形来划分土地。

这样四四方方的，就好分多了！

在公元前4000年的古中国，人们就在陶器上刻画了长方形和正方形等多种几何图案。

成稿于公元前100年的《周髀算经》中，便有了"圆出于方，方出于矩（长方形）"的论述。可见，那时候人们对两者的关系就有了正确的认识。

独特气质

古代人们之所以偏爱长方形和正方形，是由于它们具有独特的结构特点。现在，我们将一个长方形的底边向上推，左边向右推，你会发现什么？

长方形的上边和底边、左边和右边可以完全重合！

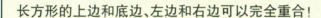

向右

向上

完成

没错，也就是说，长方形有四条边，且相对的两条边长度相等。其中，较长的边称为"长"，较短的边称为"宽"。这种对边相等的独特性，便于古人对土地进行划分，也方便计算周长。

- 长方形的周长=上边+下边+左边+右边=(长+宽)×2
- 正方形是长与宽相等的长方形。
- 正方形的周长=边长×4

注意！
正方形和长方形的四个角都是90度！

接下来，让我们利用上一章的拆分思维解决以下问题吧！

1 一个长方形长3厘米，宽2厘米，它的周长是多少厘米？

2厘米　　　3厘米

让我先来拆分一下！

● 按照每段线段长度为1厘米来拆分，长可以分为3段，宽可以分为2段，周长有两个长和两个宽，所以，周长为3+2+3+2=10段，也就是10厘米，又可以看成是2组(3+2)，所以，也可以是(3+2)×2=10(厘米)。

2 计算下面图形的周长。

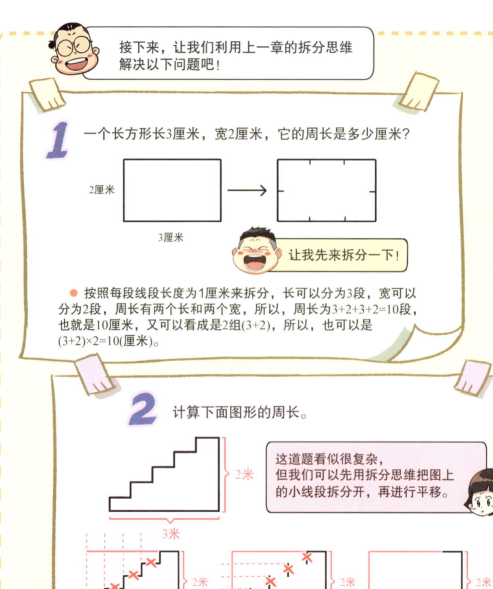

这道题看似很复杂，但我们可以先用拆分思维把图上的小线段拆分开，再进行平移。

2米　3米

3米　3米　3米

平移之后的图形是一个长为3米、宽为2米的长方形，长方形的周长为(3+2)×2=10(米)，所以，原图的周长也是10米。

大鼻子，还有没有白日梦糖丸啊？

?

手忙脚乱

盖住

你这家伙！不知道要敲门吗？

哦……

转

咚咚咚！

塞

白日梦糖丸没有库存，过几天你再来问吧！

好！

这家伙今天怎么这么奇怪？

喂，孩子们！

你们猜我看到了什么？

有什么好玩的吗？

你还能看到什么新鲜东西？

大鼻子好像给飞车设计了新的翅膀……

啊？真的假的？

飞 飞

我可是亲眼看到了图纸！翅膀大约有我的上半身这么长，

比鱼

有我的肩膀这么宽……

快去看看！

32

啊？有多大？

大概有两个傲德那么大！

啊？那得多胖啊？

喂！他们说的是表面积，不是体重！

可惜我们只能看看新闻，

没有大鼻子的时空飞车也去不了啊！

叮叮当当

嘻嘻，看我略施小计，就把大鼻子给支走了！

静悄悄

我就知道，大鼻子听到狼蛛这种稀奇古怪的东西，肯定禁不住诱惑，自己开车去找了。

喂，那狼蛛真的有傲德那么大吗？我怎么没有看到这则新闻？

我们先找到翅膀，再告诉你！

哦。

嘿嘿，早就想摸摸大鼻子壁画上的大鼻子了。

一咔

吱扭

唉唉唉…

38

是因为现在还在试飞阶段。

唰

贴

这不是飞车的翅膀，是微型飞行器，新学期也许可以投入使用。

哇！

嗖一

真的吗？真是太期待了！

好想玩！

不对啊……

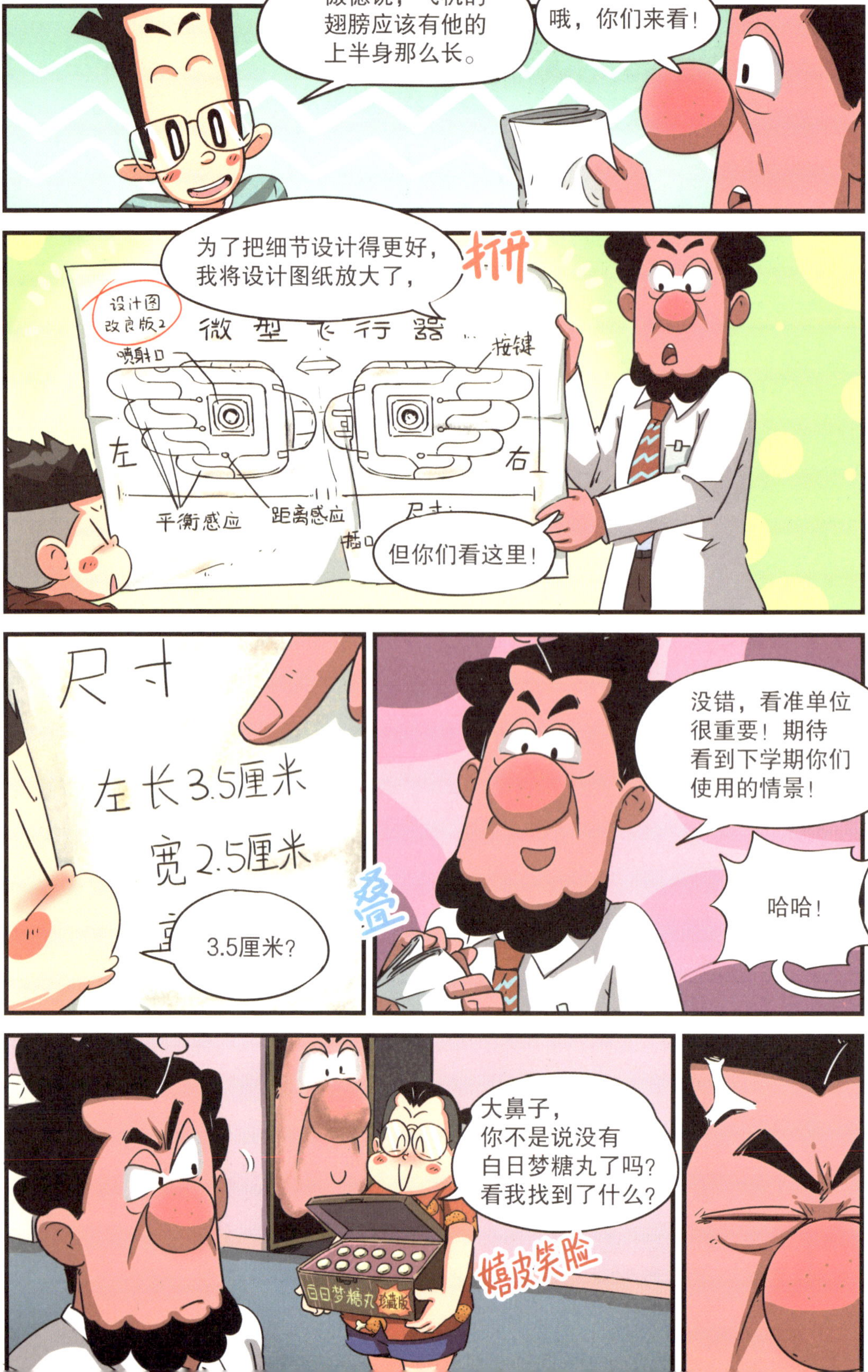
傲德说，飞机的翅膀应该有他的上半身那么长。
哦，你们来看！
为了把细节设计得更好，我将设计图纸放大了，
拼
设计图改良版2
微型飞行器
喷射口
按键
左
右
平衡感应
距离感应
尺寸:
插口
但你们看这里！
尺寸
左长3.5厘米
宽2.5厘米
3.5厘米？
叠
没错，看准单位很重要！期待看到下学期你们使用的情景！
哈哈！
大鼻子，你不是说没有白日梦糖丸了吗？看我找到了什么？
嬉皮笑脸
白日梦糖丸 珍藏版

生活中的不同"面"

环顾四周，你所能看到的物体都有它的"面"。教室中，黑板有一个大大的面；当我们趴在课桌上时，也是趴在了课桌的表面；公园里，我们抱着凉亭的柱子，也是身体和柱子的面发生了接触。

你看，不论是平的还是弯曲的，它们都是面。

倪娜的手接触到了书的"面"

唐豆摸到了化石的"面"

邓冬冬摸到的则是箱子的"面"

现在，请你快速把手放到一个物体的"面"上，说说看，这个"面"有多大？

通常，我们用面积来描述物体表面的大小。

一本课本的面比一张课桌的小，也就是说，课本封面的面积小于桌面的面积。我们可以通过对比的方式来描述一个物体的面积。

比如，傲德、邓冬冬和倪娜一起去拍照，拍出来的照片大小都一样，这里我们对比的就是照片的面积。那么，通过相同大小的照片我们能发现一些别的结论吗？

我知道！他们脸部的面积不一样大。

我也发现了，傲德的脸部面积有2个邓冬冬脸部面积那么大，有4个姐姐的脸部面积那么大。

不是说好给我开"美颜"的吗？

请你来说说看，下面这些物体的面积有多大？

墙面的大小相当于几个相框的表面？

课桌表面的大小相当于几本数学书的封面？

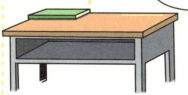

想想看，如何能更精确地描述一个物体面积的大小呢？

思维加油站 生活中的不同"面"

精确测量物体的面积，在生活中十分重要。比如装修时，要准确测量墙面、地面的面积，不然可能会出现材料浪费和购买不足的情况。这就需要我们熟悉面积单位，面积单位是指测量物体表面大小的单位。常见的面积单位有平方米、平方分米和平方厘米。

那么，你能估算出以下物品的实际面积吗？

一本书的封面的面积约为50平方厘米。

一整扇窗户的面积约为1.8平方米。

一张餐桌桌面的面积约为1.5平方米。

魔方的一个面的面积约为25平方厘米。

你还记得长度单位之间的关系吗？

1米=＿＿＿＿分米=＿＿＿＿厘米

面积单位也是同样的倍数关系吗？

边长是1厘米的正方形，面积就是1平方厘米。边长是1分米的正方形，面积就是1平方分米。

1分米

1厘米

1厘米

1分米

由图可知，1平方分米=1平方厘米×10×10=100平方厘米。
同理，1平方米=1平方分米×10×10=100平方分米。
因此，1平方米=1平方厘米×100×100=10000平方厘米。

扫码听讲解啦

拆分思维

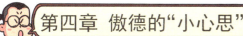
第四章 傲德的"小心思"

哇！哪里来的这么多玉米？

刚刚有一个人开着卡车送过来给你的。

啊？给我的？

这是那个人留给你的信。

给：傲德和孩子们

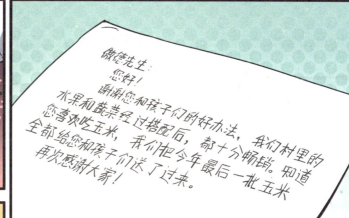

傲德先生：

您好！

谢谢您和孩子们的好办法，我们村里的水果和蔬菜经过搭配后，都十分畅销。知道您喜欢吃玉米，我们把今年最后一批玉米全都给您和孩子们送了过来。

再次感谢大家！

三位村民

噢

原来这是我们做好事的回报啊，嘿嘿嘿。

咦?

他们为什么会有我们的地址?你这家伙不会已经把我的信息给泄露了吧?

我也不清楚他们是怎么知道我们的地址的,不过……

你要不要先尝尝,这个玉米真的很好吃!

你就知道吃!而且,这是生玉米啊?

科学馆

食堂

打饭口

哇,好香啊!

吸溜

今天食堂怎么有这么多玉米啊?

46

这些玉米是咱们之前帮助过的农民送来的，够我们吃好久了！

那真是太棒了！

我先来10根垫垫肚子。

打饭口

10根……

一天又一天……

再多的玉米也有吃完的时候……

怎么才能一直吃到玉米呢？

我们把这些玉米种在地里吧！

这样我们就有吃不完的玉米了！

好啊！！！

先别急着高兴，我们种在哪里？

要不……我们种在大鼻子的试验田里？

好主意！现在就去找大鼻子吧！

• • • • • •

种是可以的，

谢谢馆长！

不过，只能给你们一小部分试验田……

大鼻子，你有没有……嗯？

种玉米怎么能少得了我呢？

傲德！就数你吃得多……

是啊，我们怕你来了之后，玉米消失得更快！

理直气壮

邓冬冬，你还好意思说别人啊！

那是因为当时是傲德在设计地图，这次是我们自己的事情，我当然会更加谨慎了。

邓冬冬，你……

再不去量土地，就吃不到玉米了！

啪

倪娜，我们去剥玉米粒吧。

好！

差不多了，

我们量好了。

嘻嘻

这么快，该不会出什么差错吧？

肯定没问题，我们是用同一根绳子量的！

好吧，那我们去种玉米吧。

三个月后

咦?

为什么他收获的玉米比我们整整多了一筐?!

肯定有问题。

什么意思?

啪

吸

啊!是玉米的味道!原来傲德往里面放了专门有助于玉米生长的药水!

竟然作弊!一定要查个水落石出!

啊？毛发生长药水？这不是玉米生长药水吗？

可为什么会是玉米的味道？

嗡嗡嗡~

因为只要涂上这种药水，毛发会像玉米须一样浓密茂盛！

用起来也是有讲究的，用药水围出一个四边形，图形内部区域的毛发便会疯长。围出的图形在周长相等的情况下，正方形的面积一定会大过长方形的面积。

所以，为了发挥药效，最好是围成一个正方形。

既然不是这个药水的原因，那为什么傲德的玉米地比我们的产量高呢？

如果生发药水使用过量呢？

使用过量后果会……

大鼻子，你刚才说什么？

邓冬冬，你之前说是用同样的绳子量的土地，绳子是围起来用的吗？

没错啊！你放心，我这次一定……

喂……我还没说完呢！

我还没说完呢！我这次一定不会出错。

哗

谢谢倪娜，还给你……

怎么回事？

果然还是邓冬冬的问题！你把土地围成了一个长方形了？

什么？

傲德的土地是一个正方形，而我们的是长方形！刚才大鼻子说的，周长相同，正方形的面积大于长方形面积！傲德的土地面积更大，所以产量更高。

啊？这是为什么？

没时间和你解释了！咱们还是去问问傲德为什么不提前告诉我们吧！

太不公平了！

原来又在欺负我年少无知！哼！

傲德！

哇哇哇哇哇……

我最近有点儿脱发，想找大鼻子想想办法，用了他的毛发生长药水，结果用得太多了！

啊？你是谁？

思维加油站 "骗局"大揭秘

喂，邓冬冬为什么总是吃亏呢?

吃的都是数学不好的亏!

我哪儿知道周长相同的图形，竟然会有不同的面积啊!

嘿嘿嘿，我放在实际生活当中，你们就明白了吧。

你可以把一个物体的表面拆分成同样大小的方块，数一数就知道了。

嗯? 又是拆分?

通过前面三章的阅读，相信拆分思维这种思维方式，你已经不陌生了。利用拆分思维，同样可以轻松解决面积问题!

假设一个长方形长3厘米，宽2厘米，它的面积是多少平方厘米?

2厘米

3厘米

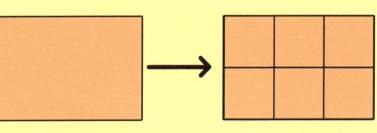

我们将这个长方形拆分成多个面积为1平方厘米的小正方形。如图，每行有3个，一共有2行，则原长方形的面积为3×2=6(平方厘米)。

"骗局"大揭秘

由此，我们可以推导出：
长方形的面积=长×宽
正方形的面积=边长×边长

可是，为什么周长相同，面积却不同呢？

下面，我们一起来看看，为什么周长相同的情况下，正方形的面积大于长方形的面积。

假设一根绳子的长度为20厘米。

围成一个正方形时，每个边长是5厘米，面积为5×5=25(平方厘米)。

如果用这根绳子围成长方形，情况有很多种！

5厘米

5厘米

宽

长

长方形的周长是两个长加两个宽，因此在这个长方形中：
长+宽=20÷2=10(厘米)。

我们就来试试几种不同的长宽组合吧：

1.如果长是9厘米，宽是1厘米，面积就是 9×1 = 9(平方厘米)。
2.如果长是8厘米，宽是2厘米，面积就是 8×2 = 16(平方厘米)。
3.如果长是7厘米，宽是3厘米，面积就是 7×3 = 21(平方厘米)。
4.如果长是6厘米，宽是4厘米，面积就是 6×4 = 24(平方厘米)。

而上面计算出的边长为5厘米的正方形的面积是25平方厘米，比这些长方形的面积都要大。所以，周长相等的情况下正方形的面积比长方形的面积大。

面积大作战

接下来，准备好迎接挑战了吗？

我来出一道题。

大鼻子用篱笆围出了一个长方形菜园，已知菜园长6米，宽4米，现在大鼻子想要用同样长度的篱笆围出更大面积的四边形，他该怎么围篱笆呢？

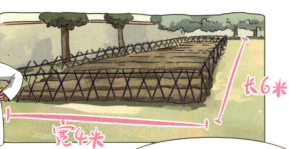

长6米

宽4米

我一定可以第一个算出来！

  对于这道题，我们要先确定菜园四周的篱笆长多少米。由于菜园的长是6米，宽是4米，因此篱笆的长度是：
(6+4)×2=20 (米)。

● 通过上边的学习，我们知道，在周长确定的情况下，正方形的面积比长方形的面积要大，所以，大鼻子把菜园改为正方形就可以了。

● 已知篱笆的总长度是20米，围成正方形的菜园，那么，菜园的边长就是20÷4=5(米)。

我算出来了！
大鼻子用这些篱笆围出一个边长为5米的正方形菜园就可以了！

邓冬冬，看来你学得不错呀！

亲爱的小读者们，我们的时空飞车已悄然降落到现实世界。在这段旅程中，思维学院的伙伴们带我们领略了不一样的风景，经历了不一样的故事，并在二十个"思维加油站"中补充了思维的能量。

在这段妙趣横生的旅程中，我们也认识了一群好朋友：把数学变得充满趣味的思维引导员——傲德，遇到挫折也能保持好心态的乐观派——邓冬冬，关键时刻能梳理思路的智多星——唐豆，行动力满分的好帮手——倪娜，敢于担当的小勇士——倪好，以及痴迷发明的科学馆馆长——大鼻子。

还记得原始部落岩壁上那些图案吗？当原始人勾勒出第一道刻痕，人类便开启了用符号传递文明火种的征程。沿着人类文明长河溯源而上，我们探索了数字符号传播的故事——那些原产自印度的阿拉伯数字，最终化作连通东西方的数学桥梁。

塔兰托狼蛛让雨林里的故事险象丛生，而超级加倍酵母更是给面包房带来新的挑战，我们从这一系列趣事中领悟了单位思维的含义。

科学馆中的小型动物园为这段旅程增加了不少温馨的回忆，邓冬冬遗落在火星模拟种植园的两袋薯条也为大鼻子带来了不少烦恼。

此刻或许你已恍然大悟：傲德施展的"分身术"不正是乘法复制思维最生动的演绎吗？炸鸡节上兄弟俩的烦恼，也恰是除法均分思维的绝佳案例。

这套图书不仅为我们带来了上面这些精彩的故事，也打开了我们思维的世界。最后，再一次感谢你们的陪伴，虽然旅途暂时告一段落，但数学思维探险之旅并没有画上句号。合上书本，你也可以成为生活中的"数学思维探险家"。虽然现实中没有白日梦糖丸和神奇药水，但希望你在这段旅程中收获的数学思维会为你点亮探索之路。此刻，傲德正在思维世界模拟器中回看自己最幸福的记忆，而大鼻子发明的微型飞行器已能抵达更遥远的地方，让我们共同期待下次更精彩的旅行。

《数学思维世界》将带着更有乐趣的故事与你见面，期待下次再会！

图书在版编目（CIP）数据

数学思维世界. 拆分思维 / 傲德主编. -- 北京：天天
出版社, 2025. 4. -- ISBN 978-7-5016-2540-6

Ⅰ. G624.503

中国国家版本馆CIP数据核字第2025PZ6606号